文成天縱

説文古本考

SHUOWEN GUBEN KAO

〔清〕沈濤 撰

1

廣西師范大學出版社
GUANGXI NORMAL UNIVERSITY PRESS
·桂林·

出版統籌：湯文輝
出 品 人：喬祥飛
責任編輯：劉洪洋
責任校對：朱時予
責任技編：王增元
書籍設計：常晋一

圖書在版編目（CIP）數據

説文古本考 : 全 3 册 / （清）沈濤撰. -- 影印本. -- 桂林 : 廣西師範大學出版社，2023.12
ISBN 978-7-5598-6502-1

Ⅰ. ①説… Ⅱ. ①沈… Ⅲ. ①《説文》一研究 Ⅳ. ①H161

中國國家版本館 CIP 數據核字（2023）第 207554 號

廣西師範大學出版社出版發行
（廣西桂林市五里店路 9 號 郵政編碼：541004
網址：http://www.bbtpress.com）
出版人：黄軒莊
全國新華書店經銷
三河弘翰印務有限公司印刷
（河北省三河市黄土莊鎮二百户村北 郵政編碼：065200）
開本：787 mm × 1 092 mm 1/16
印張：81 字數：1 296 千
2023 年 12 月第 1 版 2023 年 12 月第 1 次印刷
定價：2700.00 元（全 3 册）

出版説明

《説文古本考》十四卷，每卷分上、下，清沈濤撰。民國十五年（一九二六）上海醫學書局縮小影印光緒十年（一八八四）江蘇吴縣潘氏滂喜齋刊本。六册。北京師範大學圖書館藏。原書高二十點一厘米，寬十三點五厘米。版框高十四點三厘米，寬十點五厘米。正文每半葉十行，行二十四字；注文小字雙行，行二十四字。白口，左右雙邊，單魚尾。封面題名《重印説文古本考》。内封題『説文古本考十四卷　吴縣潘氏滂喜齋刊』。牌記題『民國十五年二月景行上海梅白格路醫學書局發行』。第一册前有丁福保《重印説文古本考叙》，其後爲潘祖蔭序和潘鍾瑞跋。第六册正文後爲醫學書局圖書廣告。版心上鎸卷次，下鎸葉數。每卷卷端上鎸『説文古本考』及卷次，下鎸『嘉興沈濤纂』。正文部首低兩格，《説文解字》『大徐本』原文頂格，沈濤案語皆低一格，排列有序，層次分明。卷二下、卷三下、卷十二下、卷十四下卷末附清初學者魏際瑞（字善伯）所撰《讀書法》文中四字俚語一段。正文缺五葉，即卷三上缺第十一、十二葉，卷五下缺第五葉，卷十一下缺第十一、十二葉。

沈濤（一七八九至一八六一），原名爾振（亦説原名爾岐、爾政），字西雝，一字季壽，號匏廬，浙江嘉興人。嘉慶十五年（一八一〇）庚午科舉人，官江蘇如皋知縣，擢守直隸真定等府，有政聲。咸豐初年以候補道分發江西，歷署鹽法道、糧儲道。太平軍圍攻南昌時，沈濤隨江西巡撫張芾固守四十九天。圍解後，授福建興泉永道，未到任，改發江蘇。咸豐十一年（一八六一）病歿於泰州。沈濤少時生活於樸學盛行的嘉慶時期，先入阮元主持的詁經精舍研習經義，後從陳詩庭學習聲韻訓詁之學，又隨段玉裁研治經訓。他自述『六書之學則畢生所嗜』（《十經齋文二集·書六九齋饌述稿後》），長於經學、小學和文學，尚考訂之學，兼嗜金石。潘祖蔭序説『其所著甚富，經史小學、詩古文詞不減小長蘆也』。著有《十經齋文集》四卷、《柴辟亭詩集》四卷、《匏廬詩話》三卷、《交翠軒筆記》四卷、《銅熨斗齋隨筆》八卷、《常山貞石志》二十四卷、《論語孔注辨僞》二卷等。傳略見《清史稿・文苑三》《清史列傳・儒林傳下二》《清儒學案・懋堂學案》《許學考》《光緒嘉興府志》《光緒嘉興縣志》等。

沈濤在世時，《説文古本考》尚未定稿，刊刻時間亦較晚。近代學者李慈銘在《越縵堂讀書記》中記載，光緒四年（一八七八）他『閲沈匏廬《説文古本考》共十四卷，未有刻本。近有人從其子芙江鈔得者，尚無序例，云其稿已七易矣』。光緒十年，江蘇吴縣潘祖蔭滂喜齋刊《説文古本考》，共八册，卷前有潘祖蔭序，其中云『從繆小山太史鈔得刻之』；卷末附潘鍾瑞跋。《叢書集成三編》《續修四庫全書》《説文解字研究文獻集成》所收皆屬滂喜齋刊本。民國十五年二月，上海醫學書局以滂喜齋刻本縮小影印，共六册，題名爲《重印説文古本考》，於潘祖蔭序前增丁福保叙，潘鍾瑞跋移至潘祖蔭序後。後潘祖蔭之孫潘景鄭曾增補滂喜齋刻本缺葉以重刻。

東漢許慎撰《説文解字》是我國第一部系統分析字形、解釋字義、考究字源的字書，成書後廣爲流布，後人對其研究、校刊較多。然而《説文解字》自東漢成書後流傳至清代，經過歷代傳抄摹寫，時人所見已非原貌，所以還原《説文解字》成爲清代相關研究的一個重要方面，研究者衆多，校勘和考訂著作豐富。

自漢代以來，學者研究文獻時，若版本校勘不能奏效，利用文獻异文進行校勘不失爲一個可行的辦法。清代所見《説文解字》存世版本主要有唐寫本和宋刊本。唐寫本衹存兩種，皆爲殘本。宋刊本主要有兩個系統，一個是五代十國時期南唐徐鍇依《説文解字》原本，附以注釋，撰成的《説文解字繫傳》，世稱『小徐本』；另一個是宋太宗雍熙三年（九八六），徐鍇之兄徐鉉等人奉詔校訂的《説文解字》，世稱『大徐本』。因『小徐本』不如『大徐本』精審，故流傳不廣，『大徐本』成爲通行版本。但二徐本自宋初流傳至清，也屢經竄易，別本很多。沈濤在《十經齋文二集・元次山亭銘跋》中云『余嘗據唐以前書所引《説文》作《説文古本考》，以正二徐本之誤』，點明撰述《説文古本考》的目的。對此，潘鍾瑞跋説得更明確：『許書自二徐以來，遞相傳述，唐宋而後，别本寖多，或彼此不同，或前後互异，其中竄亂增删，論愈滋而去許愈遠。不有明眼人心通神契，力闢榛蕪，末由識古本之真面。……匏廬先生此書，意在參考舊説以訂其是，言簡而賅，可識真面矣。』

沈濤鑒於通行的『大徐本』謬誤較多，主要摭采宋以前的字書、韵書、類書、經史注疏等典籍中的异文材料，辨正書中誤讀、妄增、删改、竄奪及後世傳寫訛亂處，故名『古本考』。據現代學者統計，沈濤徵引書目一百種，徵引宏富，考訂詳贍。沈濤又以義例進行考訂，多使用『形聲兼會意與聲符兼義』『義得兩通』『後人據今本改』等校勘例語，既反映了他的校勘思想，又具備理論依據和實踐價值。

沈濤廣泛運用清代學者研究、校勘和考訂《説文解字》的成果。據統計，共引用清代學者著述三十一種，一百六十九條，其中引用最多的爲段玉裁《説文解字注》、桂馥《説文解字義證》和嚴可均、姚文田《説文校議》三種。沈濤並非簡單地沿襲前人之説，而是間有考訂，指出前説訛誤之處。而且，有别於嚴可均、鈕樹玉等學者僅羅列資料而不下結論的做法，沈濤嘗試下一結論，論其得失，試圖更清晰地還原《説文解字》原貌。《説文古本考》書中不僅呈現了沈濤的校勘結論，還詳細論述校勘推論過程，便於讀者瞭解其思路和分析其校勘得失。

此外，此書雖非研究《説文解字》逸字的專著，但以《説文解字》本書和他書的説解爲内證，以他書引用的异文爲外證，共增補逸字一百四十一個，數量可觀。其中正篆九十六個，主要集中於每部之末的『補篆』中；重文四十五個，散見於各部行文中。

此書問世後即爲學者所重視。李慈銘《越縵堂讀書記》云：『其書采唐宋人所引《説文》以正二徐本之誤，亦有二徐是而所引非者，采取極博，折衷詳慎，極有功於許書，學者不可不讀也。』晚清學者胡玉縉《許廎經籍題跋·説文古本考書後》亦謂：『是編……引徵繁富，考訂周詳，足與姚文田《校議》、錢坫《斠詮》諸書相發明，而較爲完具，極有功於小學，爲研究《説文》者不可少之書。』丁福保叙亦云此書『甄録群言，實事求是，既不拘文牽義而失之鑿，又不望文生義而失之疏，措辭謹嚴，體例完密，洵足以補苴段氏《注》、鈕氏《校録》之所未備，爲治許學者之要書也』。

綜上，沈濤廣泛搜羅《説文解字》异文，旁徵博引，融會貫通，不囿成説，對於匡正二徐本之誤，恢復《説文解字》的本來面目很有貢獻。此書雖因時代所限而有缺漏，但總體來説成就顯著，既有益於《説文解字》今後的進一步校勘，又可爲校勘和考訂其他傳世文獻提供有益借鑒。特此影印，以饗讀者。

廣西師範大學出版社北京文獻出版中心

二〇二三年七月

目録

第一册

第二册

第三册

重印說文古本攷

一至二之下

說文古本考十四卷

吳縣潘氏滂喜齋栞

民國十五年二月
景行上海梅白格
路醫學書局發行

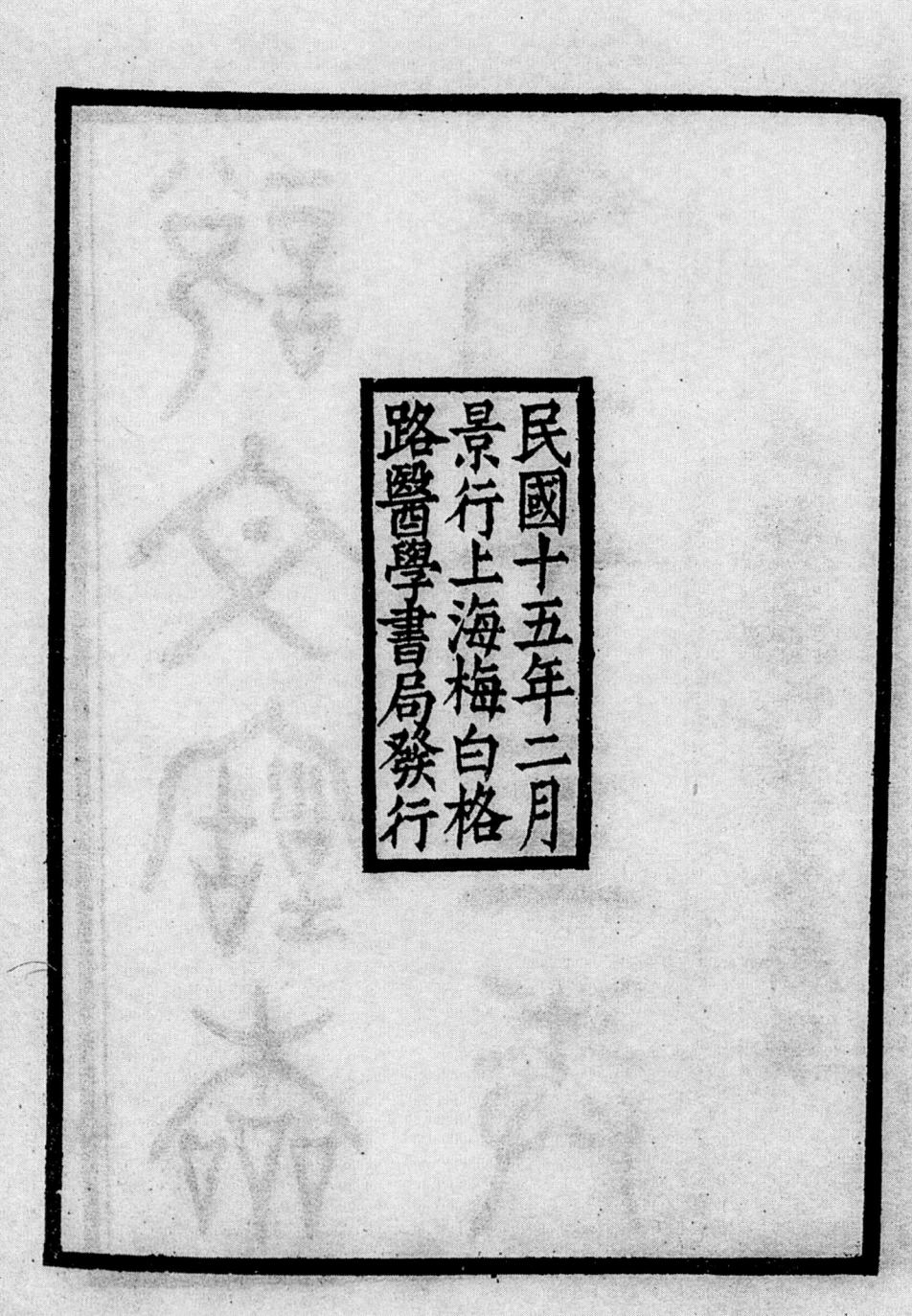

重印說文古本攷敘

歲癸卯、余在京師友人處、見說文古本攷而悅之。求之數年、不可得。後有書賈持是書鈔本來售者、索價五十銀圓、余以價昂、作罷。嗣後往來南北。求之二十餘年、僅得一部。亟付石印、以公同好。乃爲之敘曰、許君東京大儒、有五經無雙之目。其撰說文解字一書、至今已二千年。中更魏晉五季、經籍道息。其書屢經繕寫、不絕如縷。向有所謂唐本蜀本者、今亦不傳。近世所盛行之大徐本、乃宋徐鉉等奉敕校正。師心自用、穿鑿支離。故王荄友訾之爲罪魁禍首。許書之真面目、至此已不可復見矣。而其遺文佚句、往往有散見於經傳注疏、史漢書注、及字林、玉篇、釋文、御覽、文選李注、玄應音義等書者甚夥。若據此以訂正之、豈非學者之愉快事哉。此沈西雝先生之說文古本攷所由作也。先生諱濤原名爾岐。字西雝。號匏廬。浙江嘉興人。嘉慶庚午舉人。知江蘇如臯縣。尋擢守燕北各郡。卓著政聲。援例以觀察指分江西歷署鹽法道、粮儲道。授福建興泉永道。改調江蘇。尋病卒。先生生平專尚考訂。論語孔注之譌、自段茂堂發之。陳仲魚昌言之。至先生乃設爲五證。抉摘盡致。作論語孔注辨譌二卷。其關於金石學之書、則有常山貞石志二十四卷。讀書所得、加以考辨。有銅熨斗齋隨筆八卷。瑟榭叢談二卷。交翠軒筆記四卷。又有柴辟亭詩集、十經齋文集各四卷。匏廬詩話三卷。幷刊行世。其所著說文古本攷、則甄錄羣言、實事求是。既不拘文牽義而失之鑿。又不望文生義而失之疏。措辭謹嚴。體例完密。洵足以補苴段氏注、鈕氏校錄之所未備。爲治許學者之要書也。近世有唐慧琳一切經音義百卷、遼希麟續一切經音義十卷、自日本輸入。所引說文、皆宋以前之古本也。其與大徐本異者、共有千餘條。惜西雝先生不及見之。其最有功於說文者、余於說文詁林敍已詳言之。如說文木從屮、下象其根。考許書之例、既有下象其根、必有上象某某之句。如耑云上象生形、下象其根。嗌之籀文下云、上象口、下象頸脈理。是其例也。意者木下必有逸句。然求之數年不可得。迨考見根本說一切有部毘奈耶藥事音義續卷十八三頁木注、引說文作𣎳、下像其根、上像枝也。案屮即上像其枝、巾即下像其根。惟像當爲象之俗體。千古疑團、一朝冰釋。豈非快事。說文易下、引祕書說、日月爲易。段氏玉裁、桂氏馥、王氏筠、皆以祕書爲緯書。余攷許書之例、凡引書、當用曰字。如詩曰、易曰、虞書曰、春秋傳曰等。引各家之說、當用說字。如孔子說、楚莊王說、韓非說、左氏說、淮南王說、司馬相如說等。此許書之通例也。今段桂王三家以祕書說爲緯書、終覺於許書之例未合。然亦別無其他佐證可以證明其誤。洎見大般若經音義卷六十頁易注、引說文賈祕書說、日月爲易。始知徐說文脫賈字。考後漢書賈逵傳、逵兩校祕書。賈祕書、卽賈逵也。許君古學、正從逵出。故說文引師說、或稱賈祕書、或稱賈侍中而不名也。瞋之重文賊下云、祕書瞋從戌。亦爲賈祕書說、而脫賈說二字也。段注以爲緯書、非是。說文、帶、紳也。男子鞶帶、婦人帶絲。象繫佩之形。佩必有巾。從巾。小徐本作男鞶革、婦人鞶絲。考大般若經音義五卷十三頁帶注、引說文云、帶、紳也。男子服革、婦女服絲。象繫佩之形而有巾、故帶字從巾。蓋大小徐本均以服革二字譌併爲鞶字、而又各有所竄改也。說文、髮、根也。段氏以許書眉爲目上毛、須爲頤下毛、故改髮爲頭上毛也。徐承慶段注匡謬、以爲誣。徐灝段注箋、以爲迂。余因彼此無所佐證、不能定兩造之曲直。考迦葉禁戒經及大般若經音義六十四卷七頁五卷六頁髮注、引說文、頂上毛也。段氏改頂爲頭、頗得其近似。說文、筑、以竹曲、五弦之樂也。以竹曲、未成句、必有脫誤。考根本毗奈耶雜事律音義六十二卷十九頁筑注、引說文云、以竹擊之成曲、五弦之樂。今說文脫擊之成三字。急就篇顏注、筑形如小瑟而細頸、以竹擊之。史記高祖紀正義曰、狀似瑟而大、頭安弦、以竹擊之、故名曰筑。是其證也。說文、軾、車前也。考根本說一切有部律攝音義六十三卷四頁軾注、引說文、車前木也。徐說文脫木字。案急就篇、輢軾軨轙軜衡。顏注、軾、車前橫木也。是其證也。說文、怖、惶也。考大般若經音義五卷八頁怖注、引說文、猶惶恐也。徐說文脫猶恐二字。考說文惶注、恐也。猶言惶恐之惶也。宜將篆文與注讀成一句。不可以恐字爲惶字之注。怖注惶也不辭。說文、杖、持也。考大般若經音義四卷二頁杖注、引說文、手持木也。徐說文脫手木二字。說文、岸、水厓而高者。考集異門足論音義六十六卷十四頁岸注、引說文、水崖洒而高者也。徐說文脫洒字。爾雅釋邱、望厓洒而高岸。郭云、厓、水邊。洒、深也。視厓峻而水深者曰岸。是其證也。說文、驘、驢父馬母。文義未完。各小學家亦無所論述。惟毛際盛之說文述誼、謂馬母下脫一子字、似矣。然未有確證。案贏、俗作騾。考太子和休經音義十七卷六頁騾注、引說文、騾者、驢父馬母所生也。徐說文脫所生也三字。說文說解一字、往往有連載數義者。如匚部匡注、飯宋本誤作飲器筥也。卽飯器也、筥也。此二義也。辰部晨注、早昧爽也。卽早也、昧爽也。長部肆注、極陳也。卽極也、陳也。谷部㕡注、深通川也。卽深也、通川也。土部瘞注、幽薶也。卽幽也、薶也。子部孳注、汲汲生也。卽汲汲也、生也。皆二義也。知舊本說文原有二也字。爲後人傳鈔時節去前一義之也字。故讀之猝不易解。考音義四卷八頁六卷五頁尋注、引說文云、繹也、理也。徐說文作繹理也。考音義四十二卷十四頁褌注、引說文、接也、益也。徐說文作接益也。考音義四卷九頁楯注、引說文、欄也、檻也。徐說文作欄檻也。考音義八十四卷三頁枳注、引說文、木也。似橘。徐說文作木似橘。考音義七十七卷八頁縟注、引說文、繁也、采飾也。徐說文作繁采飾也。考音義十五卷十一頁晣注、引說文、旦明也、日將出也。徐說文作旦明日將出也。考音義五十卷二頁卬注、引說文、望也、欲有所庶及也。徐說文作望欲有所庶及也。是皆今本說文刪節也字之證。然今本非但刪節也字、併有刪節其第二義第三義者。如音義二十七卷二十頁憺注、引說文、憺、安也、靜也。徐說文逸下句。音義二卷十五頁羸注、引說文、瘦也、弱也。又四卷十四頁羸、痿也。徐說文逸弱也痿也二句。案御覽引說文、痿也。如是者有數百條、皆足以訂補徐說文之脫誤者也。又徐氏兄弟不明古音。每於說文諧聲之字、疑爲非聲、輒刪聲字。如元字從一兀聲、刪爲從一從兀。態字從心能聲、刪爲從心從能。玆以釋慧琳釋希麟正續音義訂正之。說文瑞字從玉耑。徐鍇繫傳云、耑下或有聲字、誤也。今各鉉本無聲字、乃由鍇所刪。考音義二十四卷七頁四十五卷二十頁瑞注、引說文、皆作從玉、耑聲。鍇之所以刪聲字者、因唐韻以耑爲多官切、與瑞聲不相近也。不知耑古有穿音。考工記磬氏云、以上則摩其耑。釋文、耑、劉音穿。且又有揣音。莊子胠篋篇云、耑耎之蟲。釋文、耑、向音揣。據此則瑞字從耑得聲。推之揣喘惴顓等、並倣此。說文、踹、從足、適省聲。考音義四十卷五頁蹢注、引說文、從足、商聲。案商卽啻字、考音古音帝。樀摘敵嫡等、並倣此。徐鉉謂摘字當從適省、乃得聲。非是。考音義三十一卷二十三頁七十八卷十五頁祟注、引說文云、從示出聲。考經傳出字、多讀如吹、乃古音也。徐氏不明古音、改爲從示從出。考音義九十五卷七頁朏注、引說文云、從月、出聲。徐本刪聲字。亦非是。如是者有數百條、皆足訂徐氏刪聲之謬者也。茲略舉數則、以概其餘。欲求其備、宜讀音義全書。然正續音義、日本刊本、非五十銀圓不能得、似非寒士所能爲力。余故以此書與音義同時付印、爲後學之津梁。學者可知所從事矣。庶乎古義復明、不至沿前人竄改之誤本也夫。中華人民建國之十五年一月二十號

無錫丁福保敘

西雍先生與余家有戚誼余於道光咸豐閒曾屢見之其所著甚富經史小學詩古文詞不減小長蘆也刊本行世者有論語孔注辨譌常山貞石志十經齋文集柴辟亭詩集交翠軒筆記瑟榭叢談銅熨斗齋隨筆匏廬詩話又與翁叔均廣平合輯天下古今金石家目錄余嘗見其稾本今不知所在矣此書從繆小山太史鈔得刻之刻成而余奉諱歸里茲乃發篋印行爲識數語其從前已刻之書版存否不可知已悲夫甲申正月十二日吳縣潘祖蔭序

許書自二徐以來遞相傳述唐宋而後別本寖多或彼此不同或前後互異其中竄亂增刪論愈滋而去許愈遠不有明眼人心通神契力闢榛蕪末由識古本之眞面段氏注出競推洨長功臣亦間有疏舛處安邱王氏箸釋例二十卷於諸家傳說之衍挩改逐詳哉言之其存疑數卷尤得論而不斷之妙匏廬先生此書意在參攷舊說以訂其是言簡而賅可識眞面矣曩者先生旅寄吾吳在葑谿槐里之間與清如吳丈居相近余嘗介丈以通謁焉吳丈喜談詩故余見先生所箸惟詩話瑣談兩三種而已今幸覩此編快補昔年之憾惟先生學問文章輝映吳門應在流寓諸賢之列而新修郡志遺之惜哉長洲潘鍾瑞跋

說文古本攷卷一上

嘉興沈濤纂

一部

元 始也从一从兀

濤案唐元度九經字樣云元始也从一兀聲葢古本如是徐鍇曰俗本有聲字淺人妄加之也是以不狂爲狂矣錢徵君大昭曰元兀古音本同說文髡或作髨論語小車無軏說文作軏是其證也

示部

示 天垂象見吉凶所以示人也从二三垂日月星也觀乎天文以察時變示神事也凡示之屬皆从示

濤案匡謬正俗卷八示字一條曰許氏說文解示字云天垂象見吉凶所以示人也从二三垂日月星也蓋觀乎天文以察時變示神事也所以禍福禨祥神祇之字皆從於示云云蓋字以下當是師古演說垂象示人之義下有所以字相應可見非許君原文玉篇諸書所引皆無此數語則古本未必有也二徐乃刪去蓋字以此數語爲解字正文恐由誤讀顔氏書之故

禔　安福也从示是聲易曰禔既平

濤案史記相如傳索隱易坎卦釋文文選難蜀父老弔魏武帝文注皆引禔安也是古本無福字易復卦釋文引陸績曰

禔安也顏氏家訓書證引蒼頡篇曰禔安也是禔本訓安陸與許皆用孟氏易孟氏亦必訓安廣雅方言皆云禔福也玉篇廣韻皆云禔安也福也乃一本說文一本廣雅耳淺人見篇韻兼有福訓遂於許書妄增福字誤甚

禋 潔祀也一曰精意以享爲禋从示垔聲𡨕籒文从宀

濤案玉篇引同惟潔作絜依許書自作絜不作潔葢六朝本未誤也藝文類聚三十八禮部初學記十三禮部皆引作潔意以享爲禋藝文類聚禋爲作曰精意以享其說出自馬融見尚書音義堯典下而實本國語許君用之自來無潔意之說歐徐二家所引當亦與今本同傳寫奪祀也一曰精五字非古本作潔意也又

案玉篇云䄍同上則是或體非籀文矣玉篇凡或體字皆曰
同上
祡 燒柴樊燎以祭天神从示此聲虞書曰至於岱宗祡𥛲古
文祡从隋省
濤案爾疋釋天釋文引作燒柴燎祭天也葢古本如此今本
衍樊字神字爾疋祭天曰燔柴許以燒字代燔字言燒不得
更言樊言天亦不必更言神孝經援神契曰封於太山考績
祡燎漢樊毅脩華嶽廟碑曰祡燎堙埋古祡燎二字連文玉
篇引同今本當是宋以後據今本改非顧氏原文并非孫强
所竄易也列子湯問篇釋文引亦有樊字亦後人據今本改

柴玉篇作祡宋小字本亦作祡

禷 以事類祭天神从示類聲

濤案藝文類聚三禮部引作以事類祭神曰禷初學記十三禮部又引作以類祭神爲禷葢古本無天字本部神天神引出萬物者也則言神卽天神不必更言天矣

祖 始廟也从示且聲

濤案初學記十三禮部引晉稽含祖道賦云說文祈請道神謂之祖是古本有一曰祈請道神云云詩大雅韓奕篇韓侯出祖箋云祖將去而犯軷也烝民篇仲山甫出祖箋云祖者將行犯軷之祭也後漢書吳祐傳注引五經要義云祖道者

行祭爲道路祈也是祖爲始廟亦爲道祭故許通異義今本
爲淺人所刪似此者不少矣
又案藝文類聚十一歲時部引稽含社賦序云說文祈請道
神謂之社此即初學記所引祖道賦序之文葢祖社二字形
相近而誤傳寫者即將此文竄入歲時部社條之下非率更
原書本誤也古無以祈請道神爲社者其誤正不待辨
⿱彭示 門內祭先祖所以徬徨从示彭聲詩曰祝祭于⿱彭示祊⿱彭示或
从方
濤案詩楚茨爾疋釋宮釋文皆引作門內祭先祖所徬徨也
是古本無以字有也字葢祊爲索祭之名所徬徨猶言徬徨

求索之處以字乃淺人妄加嚴孝廉可均曰說文有徬無彷疑當作方皇荀子禮論方皇周浹甘泉賦溶方皇于西清玉篇亦有以字疑後人據今本改

祏 宗廟主也周禮有郊宗石室一曰大夫以石爲主从示从石石亦聲

濤案初學記十三藝文類聚三十八禮部皆引宗廟之木主名曰祏祏是古本主上有木字又御覽五百三十一禮儀部引禮郊宗石室是古本無周有二字摯虞決疑要注曰凡廟之主藏于戶外北牖下有石函故名宗祏石函即石室字之从石以此故許君引禮以明之郊宗石室見五經異義所引春

秋左氏說其不得有周字可知又五經異義許君謹按春秋左氏傳曰衛孔悝反祏於西圃祏石主也言大夫以石爲主今山陽民俗祭皆以石爲主此即一曰之說宀部宔字解曰宗廟宔祏此解曰宗廟木主也葢宔祏互訓言木以別於大夫之石主今本少一木字乃淺人所删廣韻二十二昔引大夫以祏爲主祏乃石字之誤

又案本部禘字解引周禮曰五歲一禘祫字解引周禮曰三歲一祫今周禮皆無此文周曰二字亦二徐妄加南齊書禮志上引禮緯稽命徵云三年一祫五年一禘公羊文二年疏引春秋說亦如此又初學記十三引五經異義云三歲一祫

周禮也五歲一禘疑先王之禮也是許君并不以五歲一禘爲周時之禮矣

祉 以豚祠司命从示比聲漢律曰祠祉司命

濤案蓺文類聚三十八禮部引作祭司命曰祉初學記禮部引作祭司命爲祉乃節引之例非古本無以豚二字也祠祭義得兩通

又案漢律曰祠祉司命祠字當是衍文葢許君引此證豚祠司命爲祉既言祉不得更言祠矣此猶女部威字解漢律婦告威姑姑字亦是衍文葢威既訓姑既言威不得復言姑韻會所引無祠字是小徐本無之

禱 告事求福也从示壽聲𥛴禱或省𥜥籀文禱

濤案藝文類聚三十八初學記十三禮部後漢書明帝紀注御覽五百廿九禮儀部皆引作告事求福與今本同一切經音義卷十四亦然又音義卷十二卷二十五兩引作告事求請爲禱卷二十五爲字作曰卷二十二又引作告事求神曰禱作請作神皆傳寫譌誤非所據本有不同也

又案玉篇云𥜥籀文禱禂古文則今本以爲或體者誤

禜 設緜蕝爲營以禳風雨雪霜水旱癘疫於日月星辰山川也从示榮省聲一曰禜衞使灾不生禮記曰雩禜祭水旱

濤案後漢書順帝紀注引蕝作蕞禳作祈此解本于左氏昭

元年傳竊意雪霜風雨之不時當祈水旱癘疫之災當禳古本必兼有祈禳二字章懷注引脫禳字今本傳寫脫祈字以致不同章懷注但云以祈水旱則古書節引之例矣

禬　會福祭也从示从會會亦聲周禮曰禬之祝號

濤案藝文類聚三十八禮部引除惡之祭曰禬是古本會福作除惡周禮女祝掌以時招梗禬禳之事注云除災害曰禬禬猶刮去也凡以神仕者注引杜子春云禬除也庶氏以攻說禬之注引鄭司農云禬除也是古訓禬字皆爲除惡無言會福者今本之謬誤顯然初學記十三禮部引會福之祭曰禬疑後人據今本改

禦 祀也从示御聲

濤案廣韻八語引作祠也蓋古本如是祠本有祀訓不僅春祭之名而禦之訓祠訓祀傳注無徵此古訓之僅存者又下文禬字解云祀也廣韻十三末亦云祠也是陸所見本二字皆作祠玉篇祮字注引同今本蓋顧陸所據本各不同耳

祳 社肉盛以蜃故謂之祳天子所以親遺同姓从示辰聲春秋傳曰石尚來歸祳

濤案廣韻十六軫引至同姓止與今本皆同惟盛字下尙有之字又祳下列脤字注云上同是陸所據本尙有重文脤以社肉訓繹之合有从肉之脤脤篆爲今本漏落無疑

禂 禱牲馬祭也从示周聲詩曰既禡既禂𩦸或从馬壽省聲

濤案詩吉日爾疋釋天釋文既禱引說文作禂不云伯作禡嚴孝廉以爲六朝舊本引詩作既伯既禂是也陳徵君奐曰伯馬祖也詩之禂即周禮之禂馬禂馬即是祭馬祖禡非其義

又案小徐本無引詩有臣鍇案詩曰既馬既禂九字或謂大徐據鍇本誤竄非許君原文然元朗明云既禱說文作禂則不得云許書無引詩語也小徐本葢傳寫衍臣鍇案三字

祟 神禍也从示从出𥜈籒文祟从𩗗省

濤案一切經音義卷四引與今本同卷十九引作神祠也葢

傳寫之誤非古本如此玉篇亦云神禍也古訓無以祟爲神

祠者

補⿰示曹

補祽

⿰示曹案藝文類聚三十八初學記十三禮部皆引祭豕先曰⿰示曹

月祭曰祽（初學記曰祽字作爲）玉篇云⿰示曹豕祭也祽祭名廣韻⿰示曹祭豕

先也祽月祭名也二書當亦本說文是古本有此二篆經後

人刊落

王部

閏餘分之月五歲再閏告朔之禮天子居宗廟閏月居門中

从王在門中周禮曰閏月王居門中終月也

濤案玉篇引作周禮云閏月詔王居門終月與今周禮合蓋古本如是今本傳寫奪誤居門即謂居門中不必再言中矣御覽十七時序部引告朔之禮天子居宗廟門中無閏月居三字乃節取非完文

王部

璬 玉也从玉敫聲讀若鬲

濤案廣韻二十三錫引作玉名玉篇亦云玉名又以上璙瓘璬璵瓔五篆說文皆作玉也篇韻皆作玉名陳徵君奐曰以木不稱木名草不稱草名例之當作玉也不作玉名爲是

璠　璵璠魯之寶从玉番聲孔子曰美哉璵璠遠而望之奐若也視之瑟若也一則理勝二則孚勝

璵　璵璠也从玉與聲

濤案文選潘尼贈陸機出爲吳王郎中令詩注引作璵璠美玉也此以魯之寶玉美哉璵璠二語檃括節引非古本如是也左氏定公五年傳正義引璵璠魯之寶玉與今本正同可證

又案璵字爲大徐新修十九字之一左傳定五年釋文云璵本又作與說者遂謂許書無璵字璵璠當作與璠然璵璠同爲玉名不應與字獨不從玉且諸書所引皆作璵璠無作與

璠者廣韻二字皆注魯之寶玉許書當本有璵字且以全書通例證之璵篆當在璠篆之前璵璠魯之寶玉云云爲璵篆之訓解璠篆則曰璠璵也今本大爲二徐所竄亂矣

瑾 瑾瑜美玉也从玉堇聲

瑜 瑾瑜美玉也从玉俞聲

濤案文選琴賦注引瑾玉名而初學記寶器部引瑾美玉也
初學記所引瑳字以下十句皆出說文今本皆連于　瑾瑜上
引逸論語下當由傳寫脫說文曰三字在瑳字上
有璿字乃徐堅所合并葢古本作瑾美玉也瑜美玉也皆無瑾瑜二字左傳定公五年正義引瑜美玉可證許書之例以二名爲一物者如玫瑰珊瑚之類則以二名連稱再爲釋義

而下文則曰瑰玟瑰瑚珊瑚也不復釋義而瑾瑜則各爲一物二名不應連稱是以各以美玉釋之否則瑜字解不應有美玉二字矣今本之誤衍顯然

瓊 赤玉也从玉夐聲璚瓊或从矞瓗瓊或从巂琁瓊或从旋省

濤案文選顏延年陶徵士誄注引琁亦璿字則琁乃璿之重文非瓊之重文古璿琁通用書舜典在璿璣玉衡史記作旋機尙書大傳作璇機太元經作琁璣尔疋釋詁釋文璿又作璇山海大荒西經西有王母之山爰有璇瑰瑶碧注璇瑰亦玉名穆天子傳曰枝斯璿瑰枚回二音文選注引此經作璿

瑰引郭注作旋回兩音正與穆傳注合惟荀子賦篇注引說文云琁赤玉音瓊似楊氏所據本已爲瓊之重文則其誤在有唐中葉以後矣玉篇瓊之重文亦無琁字

珛 朽玉也从玉有聲讀若畜牧之畜

濤案史記孝武紀濟南人公玉帶上黃帝時明堂圖索隱云三輔決錄云杜陵有玉氏音肅說文以爲从玉音畜牧之畜是古本作玉不作珛段先生曰後人以朽玉字爲玉石字以別於帝王字復高其點爲朽玉姓氏以別於玉石字又或改說文从王加點爲从王有聲作珛亦以別於玉石字也又曰廣韻一屋云玉音肅朽玉此說文本字四十九宥云珛音齅

此从俗字玉篇玉欣救思六二切此說文本字珛許救切引
說文朽玉也此後人據俗本說文珛

璿 美玉也从玉睿聲春秋傳曰璿弁玉纓琁古文璿𤩗籀文

璿

濤案史記五帝紀正義引璿赤玉也赤玉乃瓊當由史記璿
璣本作琁機張氏所見說文已誤爲瓊之重文遂復誤引如
此

又案廣韻二仙𤩗籀文璿玉篇亦云𤩗籀文是古本篆體从
叡从玉今本譌奪其半

璧 瑞玉圜也从玉辟聲

濤案御覽八百六珍寶部引作瑞玉環也環蓋圜字之誤非古本如是玉篇云瑞玉圜以象天也廣韻引白虎通曰璧者外圜象天內方象地皆作圜不作環可證

瑗 大孔璧人君上除陛以相引从玉爰聲爾雅曰好倍肉謂之瑗肉倍好謂之璧

濤案荀子大略篇注引作瑗者大孔璧也是古本有也字楊氏所引多者字全書通例無此句法而傳注中引說文往往有之乃是引書者自足其文非古本如是

琮 瑞玉大八寸似車釭从玉宗聲

濤案玉篇廣韻二書引皆同惟御覽八百七珍寶部引無大

字此傳寫奪字非所據本有異也御覽玉下有也字古本當
如是

瓏 禱旱玉龍文从玉从龍龍亦聲

濤案左傳昭公二十九年正義引作龍禱旱玉也爲龍文是
古本玉下有也字爲字今奪玉篇亦云瓏禱旱之玉爲龍文
也當本說文上文琥字解云發兵瑞玉爲虎文則知此解不
得無爲字左氏正義瓏字作龍乃涉經注沿寫而誤

瑁 諸侯執圭朝天子天子執玉以冒之似犂冠周禮曰天子
執瑁四寸从玉冒冒亦聲珇古文省

濤案玉篇珇瑁古文是古本古文瑁字从曰不从目又汗簡

古文篆體作[illegible]又各不同

珩 佩上玉也所以節行止也从玉行聲

濤案玉篇引作佩玉所以節行步也蓋古本如是周語改玉改行韋昭注云玉玉佩所以節行步也正用許說則知今本作止者誤文選張衡思元賦注引珩所行也乃傳寫鈌奪詩雞鳴正義引上句正同今本似玉篇所引奪上也二字

玦 玉佩也从玉夬聲

濤案御覽六百九十二服章部引玦玉佩下有小注九字佩如環而有玦故云玦當是說文注中語上玦字乃鈌字之誤

珥 瑱也从玉耳耳亦聲

濤案後漢書和熹鄧皇后紀注引作珥瑱也以玉充耳此章懷并引瑱字訓以明珥字之義非古本有此四字也文選李斯上書秦始皇注御覽七百十八服用部皆止引珥瑱也三字

瑱 以玉充耳也从玉真聲詩曰玉之瑱兮𦖋瑱或从耳

濤案文選江淹雜體詩巡華過盈瑱注云瑱盈尺之玉也說文曰田父得寶玉至尺今本無此語疑古本有一曰瑱盈尺之玉也云云祟賢書誤倒說文曰三字於下田父句亦恐有奪誤

珌 佩刀下飾天子以玉从玉必聲

濤案郭忠恕汗簡㻫珌見說文是古本珌字有重文从玉从畢玉篇亦以㻫爲珌之古文

璪 玉飾如水藻之文从玉喿聲虞書曰璪火黺米

濤案玉篇引玉飾如水藻也葢古本如此今本之文二字乃淺人所改言水藻即不必更言之文矣初學記寶器部引作玉飾以水藻也以乃似字之誤可見古本總無之文二字

玼 玉色鮮也从玉此聲詩曰新臺有玼

濤案詩邶風新臺鄘風君子偕老釋文兩引作新色鮮也新色鮮三字義不可曉疑傳寫譌誤非古本如是後漢書黃憲傳論注引作鮮色也更爲闕奪或古本作玉色鮮新也今本

奪一新字傳寫釋文等書又妄刪玉字耳以上下文解字例
之玉字必不可刪
璊 玉䞓色也从玉㒼聲禾之赤苗謂之虋言璊玉色如之玧
璊或从允
濤案詩大車釋文引作玉赬色也禾之赤苗謂之穈玉色如
之蓋古本如是今本衍言璊二字赬䞓同字穈即虋字之別
詩正義引作玉赤色此傳寫之誤玉篇所引與今本同乃淺
人以二徐本竄改非顧氏原書如此
瑕 玉小赤也从玉叚聲
濤案文選海賦注引作玉之小赤色者也史記相如傳索隱

引作玉之小赤色是古本尙有之色者三字上文瑳玉色鮮
白玼玉色鮮瑩玉色璊玉𤩹色此文次于其後固當有色字
淺人刪之妄矣

玎 玉聲也从玉丁聲齊太公子伋謚曰玎公
濤案玉篇引作齊大子謚曰玎無公伋公三字葢傳寫偶奪
非古本如是廣韻十三耕玎字注引有此三字

瑀 石之似玉者从玉禹聲
濤案詩女曰雞鳴釋文正義皆引作石次玉也葢古本似字
作次玉篇引與今本同義亦可兩通也

琚 瓊琚从玉居聲詩曰報之以瓊琚

濤案詩鄭風女曰雞鳴正義引琚珮玉名也葢古本如此釋文亦曰琚珮玉名當亦本許書衞風木瓜釋文同毛傳曰琚珮玉名也是許君正用毛義今本乃二徐妄改瓊與琚不同物豈得以瓊琚釋琚乎

璓 石之次玉者从玉秀聲詩曰充耳璓瑩

濤案詩都人士正義引作美石次玉也而淇奧釋文引與今本同以上下篆文訓辭瑀玤玖𤤮等例之古本當如淇奧釋文都人士毛傳云璓美石也詩疏因涉此致誤耳

玖 石之次玉黑色者从玉久聲詩曰貽我佩玖讀若芑或曰若句脊之句

濤案詩女曰雞鳴正義引玖石次玉也乃冲遠節引非古本無黑色二字也詩邱中有麻釋文引同今本可證

碧 石之青美者从玉石白聲

濤案御覽八百九珍寶部引作石之美者一切經音義卷十一引作石之美者也皆無青字而篇韻所引與今本同山海西山經高山其下多青碧淮南 訓崑崙有碧樹注碧青石也則青字不可少御覽等書乃傳寫闕奪非古本如是

珉 石之美者从玉民聲

濤案御覽八百九珍寶部引珉石之次玉也葢古本如此禮記聘義注云碈石似玉碈卽珉字楚辭愍命注云碈石次玉

者荀子法行篇注云珉石之似玉者漢書司馬相如云傳注引張揖云珉石之次玉者也是古注無不以珉爲石之次玉故許解同之今本乃涉瑤琨諸解而誤文選潘尼贈陸機出爲吳王郎中令詩注亦引石之美者乃淺人據今本改耳

瑤 玉之美者从玉䍃聲詩曰報之以瓊瑤

濤案毛詩衞風木瓜釋文引云美石御覽八百九珍寶部引瑤石之美者是古本作石不作玉今本毛傳云瓊瑤美玉而正義本作美石則玉字乃傳寫之誤許正用毛義也楚辭注云瑤石之次玉者也漢書禮樂志注引應劭曰瑤石而似玉者也禹貢王肅注正義引瑤琨美石次玉者也是古注皆以瑤

爲石之美者段先生曰大雅曰維玉及瑤則瑤賤於玉文選潘尼贈陸機出爲吳王郎中令詩荀子賦篇注皆引作玉非傳寫有誤則後人據今本改耳賦篇注引瑤美玉也

蚌之陰精从玉朱聲春秋國語曰珠以禦火災是也

濤案初學記寶器部引作蚌中陰精也葢古本如是今本作之者誤玉篇及御覽八百二珍寶部引皆作之當是後人據今本改玉篇引珠下有足字與國語合亦今本誤奪

玓瓅明珠色从玉勺聲

濤案文選上林賦注引玓瓅明珠光也又舞賦注引的皪珠光也是崇賢所據本色字作光字廣韻二十三錫初學記寶

器部珠第三初學記所引珠瓅璣三條實係說文今各本皆作後漢書其誤與玉類所引瑳字十句改作逸論語者同龍龕手鑑皆引同今本玉篇亦作色字光與色義得兩通

玫 火齊玫瑰也一曰石之美者从玉文聲

瑰 玫瑰从玉鬼聲一曰圜好

濤案一切經音義卷六引玫瑰火齊珠也一曰石之美好曰玫圜好曰瑰卷三引石之美好二句蓋古本如是韻會瑰字注引玫瑰火齊珠是小徐本尚不誤禮聘義注碈石是玉或作玫此即石美好之說今本石之美者則與瑤琨無別矣玉篇引一曰珠圜好珠字當爲石之二字之誤

璣 珠不圜也从玉幾聲

濤案一切經音義卷三卷六卷九卷十二引璣珠之不圜者也葢古本如是今本奪之者二字耳尚書禹貢正義引璣珠不圜者釋文引璣珠不圜也後漢書賈琮傳注引璣珠之不圜者初學記寶器部同一切經音義卷十六及玉篇引作珠不圜者也皆古人節引之例非所見本不同當从元應書三六等卷所引爲正

又案一切經音義卷十二引又有或曰小珠也五字疑古本尚有一解今奪

琅 琅玕似珠者从玉良聲

濤案御覽八百九珍寶部引琅玕石之似玉者玉字乃傳寫之誤當作珠字尚書禹貢鄭注曰琅玕珠也論衡　篇曰璆琳琅玕土地所生眞玉珠也魚蚌之珠與禹貢琅玕皆眞珠也則不得謂之似玉惟今本奪石之二字此與瑤琨等字同例不應刪此二字玉篇引與今本同乃淺人據今本所改

珊　珊瑚色赤生於海或生於山从玉刪省聲

濤案玉篇引同惟或字作亦字廣韻二十五寒引作珊瑚生海中而色赤也御覽八百七珍寶部引作珊瑚色赤生於海中或生於山也華嚴經卷二十五音義引珊瑚色赤生之於海或生山中也蓋古本當如是篇韻所引皆有刪節今本尤

為誤奪耳

珋　石之有光璧珋也出西胡中从玉丣聲

濤案文選郭璞江賦注引作珋石之有光者疑古本光下多

者字篇韻所引皆奪之

琀　送死口中玉也从玉从含含亦聲

濤案左傳文五年釋文御覽五百四十九禮儀部引死字皆

作終字玉篇亦作送終是古本作終不作死

璗　金之美者與玉同色从玉湯聲禮佩刀諸侯璗琫而璆珌

濤案廣韻三十七蕩引作金之美與玉同色者也是古本者

字在下又多一也字爾疋釋器釋文引作金與玉同色也則

是元朗節引非所據本不同

𩆜 靈巫以玉事神从玉霝聲 靈 𩆜或从巫

濤案廣韻十五青引不複舉𩆜字蓋古本如是楚辭注云靈巫也楚人名巫爲靈則𩆜卽是巫不得以𩆜巫連文此言巫以玉事神所以从玉之意玉篇引無巫字蓋傳寫偶奪

補 琖

濤案玉篇云琖側簡切說文曰玉爵也夏曰琖殷曰斚周曰爵是古本有琖字斗部斚字解亦有夏曰琖云云則許書之有琖字無疑二徐所見本偶奪此字大徐轉加入新附誤矣

又案鈕布衣樹玉曰周禮量人注引明堂位夏后氏以琖釋

文云琖劉本作湔音同是古有作湔者不知湔與琖聲相近故古相通假湔乃琖之假字不得疑爲琖之正字也錢詹事大昕以爲當用淺深之淺亦非

補 琛

濤案御覽八百二珍寶部引說文琛寶也今本無琛字詩泮水來獻其琛傳云琛寶也尒疋釋言同正許君所本則許書不得無琛字二徐本奪此篆而大徐轉入新附誤矣孫觀察星衍曰珍艸書作珎與琛形近御覽所引之琛乃珍之誤曲徇二徐實屬肊說

補 瑮

濤案文選西京賦注引瑀石之次玉也是古本有瑀傳今奪

玨部

玨 二玉相合爲一玨凡玨之屬皆从玨瑴玨或从㱿

濤案玉篇引作二玉爲一玨此顧氏節去相合二字非古本如是廣韻四覺玨下亦有相合字可證不足釋器釋文引二玉相合爲玨乃傳寫奪一字而亦有相合字也

班 分瑞玉从玨从刀

濤案玉篇引作分瑞也廣韻二十七刪引與今同此兩書各有漏奪玉篇奪玉字廣韻與今本皆奪也字

𨍭 車笭閒皮篋古者使奉玉以藏之从車玨玨讀與服同

濤案玉篇引作古者使奉玉所以盛之蓋古本如是今本奪所字又誤盛爲藏非又文選東京賦注引作車蘭閒皮筐以安其弩也蘭當作籣竹部籣所以盛弩矢與選注正合則今本作笭者非筐篋形相近義得兩通以安其弩句乃崇賢釋賦璭弩非引說文

气部

气 气雲气也象形凡气之屬皆从气

濤案汗簡卷中之二炁氣卽气之隷變通用是古本尚有重文今奪

士部

士 事也數始於一終於十从一从十孔子曰推十合一爲士

凡士之屬皆从士

濤案玉篇引作推一合十爲士葢古本如是當乙正韻會引同是小徐本尚不誤也

墫 舞也从士尊聲詩曰墫墫舞我

濤案詩伐木釋文云蹲蹲七旬反本或作蹲同說文云士舞也从士尊不足釋訓釋文云墫墫七旬反說文云墫士舞也宜从士尊也本或作蹲同葢古本舞上有士字故元朗云宜从士尊今本乃二徐妄刪

丨部

中 和也从口丨上下通 中 古文中 中 籀文中

濤案六書故云𠷎說之曰林罕謂从口象四方上下通中也說文徐本皆作𠁣殆誤也李陽冰曰同異之同亦从口不从𠁣蓋用與中皆从中疑當作丨而其中不从口此戴氏所引𠷎說如此然則唐本說文从口不从𠁣矣此乃象形兼會意字林氏之說甚確玉篇𠁩𠁧皆云並古文中則今本作籀文者誤

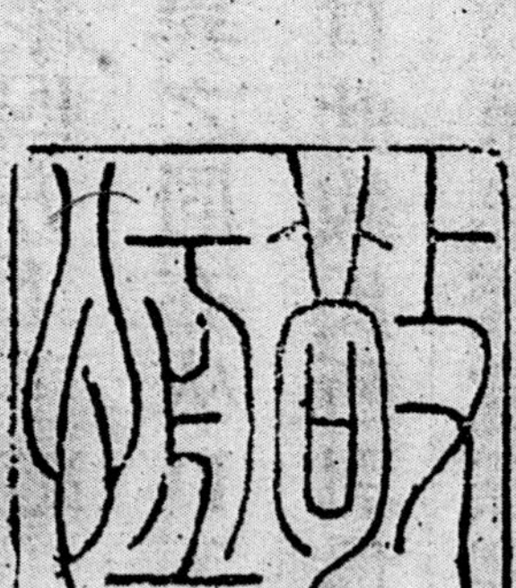

說文古本攷卷一下

嘉興沈濤纂

屮部

屮　艸木初生也象丨出形有枝莖也古文或以爲艸字讀若徹凡屮之屬皆从屮尹彤說

濤案尗疋釋艸釋文云屮讀若徹象艸木初生乃隱括節引非古本如是

𡵂　艸初生其香分布从屮从分分亦聲芬𡵂或从艸

濤案一切經音義卷七卷十二卷十九皆引芬芳也葢古本一曰以下之奪文

艸部

莊 上諱𤖟古文莊

濤案汗簡卷上之二篆體作䒊是今本篆體微誤

蓏 在木曰果在地曰蓏从艸从㼌

濤案齊民要術引作在木曰果在艸曰蓏御覽九百六十四果部同是古本作艸不作地易說卦傳爲果蓏　宋衷注曰木實謂之果艸實謂之蓏漢書食貨志瓜瓠果蓏注引應劭曰木實曰果艸實曰蓏皆與許說相同在地曰蓏見儀禮旣夕篇及淮南墜形訓注是亦相傳古訓許書列於艸部以明从艸之義故曰在艸曰蓏則如今本作地之非矣易說卦釋文玉篇引同今本廣韻三十四果引作木上曰果地上曰蓏

皆後人據今本所改又案龍龕手鑑引木實曰果艸實曰蓏
與宋應諸說相同蓋古本如是可見古本無作地者

荅 小尗也从艸合聲

濤案御覽八百四十一百穀部引同而豆部又引曰小豆荅
也豆卽尗毋庸複舉當是傳寫誤衍

藿 尗之少也从艸靃聲

濤案文選阮籍詠懷詩注引藿豆之葉也蓋古本如是儀禮
公食大夫注楚辭愍命注皆云藿豆葉也與許解合詩采菽
云采菽采菽箋云菽大豆也采之者采其葉以爲藿小苑云
中原有菽庶民采之正義云經言采菽明采取其葉故云藿

也廣雅釋艸豆角謂之莢其葉謂之藿古人言藿無不以爲
豆葉者卞豆一物今本少字誤玉篇尒疋釋艸釋文御覽八
百四十一百穀部皆引同今本疑淺人據今本改
莥　鹿藿之實名也从艸狃聲
濤案御覽九百九十四百卉部引莥鹿藿之實也葢古本無
名字以全書釋解例之今本名字衍
蓈　禾粟之采生而不成者謂之董蓈从艸郎聲稂蓈或从禾
濤案詩大田釋文引禾粟之莠生而不成者謂之童蓈也尒
疋釋艸釋文亦引禾粟之莠生而不成者葢古本采作莠董
作童尒疋釋艸毛詩傳皆云稂童粱也童粱卽童蓈粱蓈一

聲之轉郭注尓疋云稂莠屬也則知古本作莠者是今本葢

二徐妄改篇韻皆引作穗（穗即采）又後人據今本所改矣

⿱艹豈 菜之美者雲夢之⿱艹豈从艸豈聲

濤案玉篇引雲夢上多一有字葢古文如是今奪

葵 菜也从艸癸聲

濤案廣韻六脂引說文曰葵菜也常傾葉向日不令照其根葢

古本有常傾以下十字今本奪

蓼 辛菜薔虞也从艸翏聲

濤案文選張衡南都賦注引蓼辛菜也無薔虞二字乃節引

非完文

又案尔疋釋艸藘虞蓼釋文云藘師力反說文作蘆云虞蓼也音色陸氏言說文作某者必與經文字異今尔疋字本作藘何以云說文作蘆乎是元朗所見說文本必不作藘今本乃淺人據尔疋所改而其字則不可知矣

芋 大葉實根駭人故謂之芋也从艸于聲

濤案一切經音義卷十五引駭作驚義得兩通其下又有蜀多此物可食其大者謂之蹲鴟也十四字當是庾氏注中語

莒 齊謂芋爲莒从艸呂聲

濤案齊民要術二引齊人呼爲莒御覽九百七十五果部引齊人謂芋爲莒蓋古本作齊人呼芋爲莒要術傳寫奪芋字

蓺文類聚八十七果部又引作齊人爲莒更爲鈌奪而齊下
有人字則同也

蘘 蘘荷也一名葍蒩从艸襄聲
濤案御覽九百八十菜部引作蘘蘘荷也一名荷苴荷苴疑
蒪苴傳寫之誤廣雅釋艸云蘘荷蒪苴也蒪苴卽葍蒩當是
古本或有作蒪苴者故御覽所引如此文選南都賦注齊民
要術皆引作葍蒩是今本亦不誤也

苹 蓱也無根浮水而生也从艸平聲
濤案文選高唐賦注引苹苹艸皃葢古本一曰以下之奪文

藼 令人忘憂艸也从艸憲聲詩曰安得藼艸蕿或从煖萱或

从宣

濤案詩伯兮釋文引云令人忘憂也初學記草部第十四御覽九百九十六百卉部皆引作忘憂草也葢元朗所引奪去艸字初學記御覽又皆删節令人二字俱非古本原文如此

葌 艸出吳林山从艸姦聲

濤案一切經音義卷二卷八卷十二皆引葌香艸也是古本有香也二字今奪卷八又云葌蘭也乃元應引聲類語見卷十二非許君語也

芞 芞輿也从艸楬聲

濤案御覽九百八十二香部引藒車芞輿也葢古本如是尔

雅釋艸藒車芞輿離騷云畦留夷與揭車兮王逸注揭車一
名芞輿說文之例以篆文連注字淺人不知妄刪車字誤矣
尒疋釋文云車本多無此字與離騷不合不可從韻會亦引
有車字

芧 艸也从艸予聲可以爲繩

濤案文選南都賦注兩引此書一云苎麻屬一云苎可以爲
索一切經音義十一引貯緜屬亦艸名也皆與今本不同貯
苧皆芧之別字緜爲枲屬與麻同類古本當作芧艸也可以
爲索一曰麻屬上林賦箴芧青薠注張揖曰芧三稜則與麻
屬之芧不同或混而一之非也

又案平子賦中一則曰其草則蘼苧蘋莞一則曰其原野則
有桑漆麻苧崇賢引芧艸以釋蘼苧之苧引麻屬以釋麻苧
之苧自非一物或疑本部芧麻母爲麻屬之誤張賦兩苧字
一爲芧字之別體一爲芧字之別體然尒疋釋艸苧麻母說
文即本爲訓釋文云苧說文作芧玉篇云芧說文一曰芧即
枲也苧同上則芧之別體爲苧不爲苧且一爲疾吏切一爲
直呂切音各不同斷無隸變同改爲苧之理據元應書所引
則芧字本有二訓所云𦃇屬即崇賢所引之麻屬特元應所
見本麻作𦃇耳可以爲索之艸或即張氏所謂三棱乎
藋 釐艸也一曰拜商藋艸翟聲

濤案尓疋釋艸釋文云藋說文廣雅皆云堇也葢古本如北韻會集韻類篇皆引作堇艸也是今本藋字乃傳寫之誤二徐原本當尙不誤也廣雅釋艸堇藋也名醫別錄蒴藋一名堇草一名芨

蓡　人蓡藥艸出上黨从艸浸聲

濤案御覽九百九十一藥部引作人蔘出上黨無藥艸二字又一切經音義卷十一引云苦草也其類有多種謂丹蔘元蔘等也疑古本作蓡苦草也人蓡出上黨其類以下均庾氏注中語以明蓡之不僅人蓡耳今本恐有舛誤

䓞　艸也可以染留黃从艸戾聲

濤案御覽九百九十七百卉部引無留字葢古本如是漢書百官公卿表諸侯王盭綬注引晉灼盭艸名出琅邪平昌縣似艾可染黃盭卽莀字之假盭可染黃正與許合留黃卽流黃乃黃之一種今本有留字非也

莕 大苦苓也从艸古聲

濤案文選劉峻廣絶交論注引云苦猶急也此一曰以下之脫文與苛字元應書引尤劇也同例唐本尙有之今皆爲二徐妄刪去矣集韻類篇韻會皆引一曰急也是小徐本尙有此四字

莞 艸也可以作席从艸完聲

濤案御覽一千百卉部引作席作爲席葢古本如是作爲義
雖兩通然本書多言爲罕言作

蒲 水艸也可以作席从艸浦聲

濤案御覽九百九十九百卉部引無水字可字乃傳寫誤奪

蒻 蒲子可以爲平席从艸弱聲

濤案文選秋興賦注引平席作華席華當爲苹字之誤周書
顧命敷重蔑席僞孔傳纖蒻苹席也禮閒傳注苄今之蒲苹
也釋名曰蒲苹以蒲作之其體平也葢苹席義作平而字當
作苹今本作平誤御覽九百九十九百卉部引作蒲子也以
爲平席是古本子下有也字

又案藝文類聚六十九服飾部御覽七百九服用部皆引作可以爲薦（類聚無以字）廣雅釋器薦席也楚辭逢紛注薦臥席也可以爲薦猶言可以爲席耳葢古本亦有如是作者

蓷　萑也从艸推聲詩曰中谷有蓷

濤案陸璣毛詩草木蟲魚疏云蓷似萑方莖白華華生節間韓詩及三蒼說文（毛本作說苑誤）云蓷益母也是古本不訓爲萑尔疋釋艸云萑蓷郭注云今茺蔚也茺蔚卽益母而本部訓萑爲艸多皃若訓蓷爲萑則亦當訓萑爲蓷矣今本葢後人據尔疋改耳

苢　芣苢一名馬舄其實如李令人宜子从艸㠯聲周書所說

濤案尓疋釋艸釋文引作芣苢馬舄也其實如李令人宜子周書所說是古本不作一名馬舄矣又詩芣苢釋文云山海經及周書王會皆云芣苢木也實似李食之宜子出於西戎衞氏傳及許愼並同此云許愼並同者謂似李宜子等說相同非謂字字如上所云也故古本當以尓疋釋文爲斷从艸當在周書所說句下

蕁 芄藩也从艸尋聲𧄵蕁或从爻

濤案尓雅釋艸釋文𧄵孫云古藫字徒南反說文云或作蕁字疑元朗所見本𧄵爲正字蕁爲或體今本傳寫互易耳

蓲 艸也从艸區聲

濤案尒疋釋艸釋文引艸也上有烏蘆二字葢古本如是玉篇云蘆烏蘆也廣韻云烏蘆草名皆本說文則今本漏奪可知

藷 藷蔗也从艸諸聲

濤案齊民要術十蓺文類聚八十七果部御覽九百七十四果部引皆不重藷字葢古本如此言蔗可以該藷言藷不可以該蔗故下文曰蔗藷蔗也此注不應重藷字

芺 艸也味苦江南食以下气从艸夭聲

濤案尒疋釋艸釋文江南作江東葢古本如是今本作南者誤古之江東即今之江南古之江南則在今豫章長沙等處

矣玉篇仍作江南乃後人據今本改

𦳝 艸也从艸弦聲

濤案玉篇引云艸名以全書通例證之古本當作也不當作名

藄 綦月爾也从艸綦聲

濤案尔疋釋艸釋文引作綦土夫也葢古本如是段先生曰陸德明所據說文必與尔疋殊異而偁之不則何容偁也今本說文恐是據尔疋郭本郭注改者說解中綦字亦衍

又案錢徵君曰釋艸芏夫王綦月爾陸氏釋文引說文綦土夫也則土夫也王綦也月爾也一物三名郭璞以芏夫王爲

一物蘻月爾爲一物陸氏所見說文是唐初之本可以證郭注之失

藑　茅葍也一名蕣从艸夐聲

濤案尓疋釋艸釋文引葍亦名舜楚謂之葍秦謂之藑蔓地生而連花葢古本如是今本奪楚謂之葍以下十四字葢淺人所刪

薚　艸枝枝相值葉葉相當从艸昜聲

濤案玉篇引少一艸字葢顧氏書有奪非古本無也

薁　嬰薁也从艸奧聲

濤案齊民要術卷末引曰薁櫻也葢傳寫奪薁字薁訓蘡薁

見豳風毛詩不得單舉櫻字非古本如此蘡俗字當作嬰古本作櫻通假字也

茈　茈艸也从艸此聲

濤案御覽九百九十六百卉部引茈藐紫艸蓋古本如此尒疋藐茈艸郭注云可以染紫一名茈莀蓋茈一名藐爲染紫之艸故許解之如此今本云云乃涉下文藐注而誤說文之例以篆文連注讀若如今本則但當云茈艸也不應複茈字

萴　烏喙也从艸則聲

濤案御覽九百九十藥部引萴烏頭也蓋古本如此本艸曰烏頭一名烏喙一名萴烏頭烏喙本是一物然御覽引於烏

頭條下則唐以前本必作烏頭不作烏喙矣

蒐　茅蒐茹藘人血所生可以染絳从艸从鬼

茜　茅蒐也从艸西聲

濤案御覽九百九十六百卉部引作茅蒐茹藘鮑刻本仍作茹藘今據宋本也人血所生可以染絳較今本多一也字說文無藘字當从御覽作藘唐石經尓疋初刻作茹藘可見古本不作藘一切經音義卷十四引作茅蒐地血所生卷十五又引作茅蒐也人血所生可以染絳字从西聲兩引皆在茜字下又卷十九檮艸下又云一名茈莀一名茅蒐可以染絳人血所生似元應所據本人血所生八字在茜篆茅蒐也之下今本誤移

於蒐字下古本蒐下止作茅蒐茹藘也五字御覽所引乃兩字訓移并一條茹藘下有也字未誤元應書一引作地血地字誤茅蒐一名地血乃陸璣詩疏語許氏書自作人不作地也玉篇茜字注引說文曰茅蒐可以染緋可證六朝本茜篆下有此訓惟許書無緋字當為染絳之誤

蔦 寄生也从艸鳥聲詩曰蔦與女蘿 樢 蔦或从木

濤案詩頍弁釋文引云寄生草也尔雅釋木釋文又引字林寄生也然則古本說文有艸字字林無艸字今本乃二徐據字林妄刪

芸 艸也似目宿从艸云聲淮南子說芸艸可以死復生

濤案廣韻二十文引淮南子作淮南王葢古本如此子字乃
淺人所改本書蛃下亦云淮南王說

薺　蒺藜也从艸齊聲詩曰牆有薺
濤案蓺文類聚八十二艸部御覽九百八十菜部皆引薺草
可食與今本不同詩谷風云誰謂荼苦其甘如薺此卽可食
之薺其實謂之荎見尒疋釋艸今人呼爲薺菜葢古本作薺
艸可食一曰蒺藜也云云後人妄刪數字而薺之本訓失矣
又案今本說文薺字有二音疾咨切又徂禮切疾咨切謂蒺
藜之薺也徂禮切謂可食之薺也

薟　白薟也从艸僉聲蘞薟或从斂

濤案一切經音義卷十七引說文蘱白蘱也蔓生於野者也
下六字當是庾氏注中語

菳 黃菳也从艸金聲
濤案御覽九百九十二藥部引作菳黃芩也下菳字作芩乃
傳寫之誤許書菳與芩畫分二物焉有篆作菳而說解作芩
之理非古本如是也

芩 艸也从艸今聲詩曰食野之芩
濤案詩小雅釋文云艸也說文云蒿引說文於艸也之下是
古本作蒿不作艸明矣

藨 鹿藿也从艸麃聲讀若剽一曰蔽屬

濤案文選南都賦注引蘪蕪之屬以全書通例證之古本不應有之字當是傳寫誤衍蘭乃蘄之別非此之用亦蔽字傳寫之誤

蔆 芰也从艸淩聲楚謂之芰秦謂之薢茩蔆司馬相如說蔆从遴

芰 蔆也从艸支聲𦸗杜林說芰从多

濤案齊民要術卷十引云蔆茨也藝文類聚八十二艸部引云芰蔆也二書傳寫皆有誤字要術茨字藝文芰字皆芰字之誤據此二引則古本蔆字从陵不从淩字不足釋艸云蔆擄釋文作蔆云字又作菱本今作蔆釋艸云薢茩英光注云或曰蔆也釋文云字又作菱音陵蓋元朗之意以蔆爲正字菱

爲別字菱乃當時俗字然亦作菱不作蔆廣雅釋艸云䔖芰
薢茩也離騷王逸注云芰䔖也尔疋釋文引字林云楚人名
䔖曰芰皆作䔖不作蔆惟周禮籩人蔆芡栗脯字正作蔆釋
文蔆音陵余謂此字當本从陵故元朗音陵若字本从淩則
當音淩不音陵矣尔疋邢疏引說文此條字正作䔖疑其所
據非二徐本也
又案篇韻皆以蔆爲正字⿱艹遴䔖同上此葢宋以後陳彭年輩
所增竄非顧陸原文菱本六朝隋唐閒俗字唐末又誤爲蔆
陳吳輩見二徐說文本作蔆遂以蔆字爲正又見經典字多
作䔖遂附䔖字於後若說文䔖與⿱艹遴同爲蔆字之重文者不

知古本說文有葠無蔆今本說文有蔆無葠更難强爲牽合也

蘜 日精也以秋華从艸𥷚省聲𦺗蘜或省

濤案玉篇廣韻二書引說文皆同而字均作蘜蓋古本篆文作蘜从𥷚省聲非从𥸨省聲也蘜爲治牆蘜爲日精許君截分二字不得混蘜於蘜不足釋艸釋文引此字作鞠乃傳寫之誤鞠爲蹋鞠正字蘜字因此得聲更非此用矣

⿱艹私 茅秀也从艸私聲

濤案廣韻六脂引秀字作莠蓋古本如是茅莠即茅秀桂大令馥曰漢諱秀周禮注作莠本書亦應有借字

䓞 萑之初生一曰薍一曰鵻从艸剡聲菼剡或从炎

濤案廣韻四十九敢引同惟萑作雚兩曰字皆作名本部雚薍也雚部雚小爵也雚非此義古文正作萑不作雚後人轉寫謬誤作雚耳兩曰字亦當依廣韻作名

蕳 菡蕳芙蓉華未發爲菡蕳已發爲芙蓉从艸閻聲

濤案一切經音義卷三引扶渠花未發者爲菡蕳已發開者爲扶蓉卷八引扶渠花未發爲菡蕳花已發爲者爲芙蓉是今本作芙蓉華乃傳寫之誤許解蓮爲扶渠實茄爲扶渠莖荷爲扶渠葉蔤爲扶蕖本藕爲扶蕖根則此注亦必當作扶渠不作芙蓉芙蓉蕖皆俗字許書所無又元應書發下有兩

者字蓋古本有之卷三發下開字卷八巳上花字當是傳寫誤衍

又案元應書卷三所引爲扶蓉下尙有其實曰蓮四字乃櫽括蓮字注語非古本此處有此四字也又不足釋艸釋文引云菡萏華未發也巳發名芙蓉亦元朗櫽括引之非古本原文如是

又案華嚴經音義五十九云菡萏二字玉篇作蓞藺字書作菡萏說文作荅萏今說文正作菡藺玉篇正作荅萏乃慧苑書傳寫互譌非所據本不同也又音義引芙蓉花未發者爲菡萏乃櫽括未發已發二語引之非所據與今本不同荅俗

字許書所無

荷 芙蕖葉从艸何聲

濤案御覽九百九十九百卉部引作芙蕖實也實乃葉字之誤本部蓮扶渠之實也則荷不得爲實據所引則古本亦有也字

蓍 蒿屬生千歲三百莖易以爲數天子蓍九尺諸侯七尺大夫五尺士三尺从艸耆聲

濤案尒疋釋艸釋文曲禮正義御覽九百九十七百卉部皆引作蓍蒿屬也是古本蒿屬下有也字禮疏玉篇天子下少一蓍字廣韻六脂引作蓍生千歲無蒿屬二字皆傳寫奪誤

莪 蘿莪蒿屬从艸我聲

濤案玉篇九百九十七百卉部引莪蒿也與今本不同尒疋釋艸莪蘿注曰今莪蒿也亦曰蘪蒿詩大雅菁菁者莪傳曰莪蘿蒿也正義引陸璣疏曰莪蒿一名蘿莪疑古本作莪蘿蒿也御覽傳寫奪一蘿字今本尤舛誤不可通

蔚 牡蒿也从艸尉聲

濤案御覽九百九十七百卉部引蔚牡蒿牡菣也似蒿既云牡蒿即不應又云似蒿葢古本作牡菣不作牡蒿尒疋釋艸蔚牡菣詩蓼莪傳云蔚牡菣也許解正合御覽牡蒿二字乃後人據今本竄入而更不可通

荇 菨餘也从艸杏聲莕莕或从行同

濤案尔疋釋艸釋文云莕音杏本亦作荇詩云參差荇菜說文作莕是唐以前本重文莕字从洐不从行五經文字亦云莕荇並杏

蕛 蕛苵也从艸稊聲

濤案說文無稊字嚴孝廉曰此篆疑後人所加釋艸釋文蕛本又作稊引莊子道在稊稗則蕛卽稊字一切經音義卷十四以爲說文稊作荑不言作蕛知六朝唐初本無蕛

蔣 苽蔣也从艸將聲

濤案蓺文類聚八十二艸部御覽九百九十九百卉部皆引

蔣菰也葢古本無蔣字菰當作苽下文苽雕苽一名蔣可見蔣當訓苽後人習見苽蔣連舉妄增一蔣字誤文選南都賦注亦引作菰蔣當是後人據今本改

苽　雕苽一名蔣从艸瓜聲

濤案御覽九百九十九百卉部引雕苽作雕胡葢古本如此禮內則注云苽雕胡也廣雅釋艸曰苽蔣也其米謂之雕胡宋玉諷　賦曰主人之女爲炊雕胡之飯是古皆作雕胡不作雕苽廣韻十一模亦引作苽當是後人據今本改

莍　莍樧實裹如表者从艸求聲

濤案尔疋釋木釋文引作樧椒實裹如裘也葢古本如是

如裘所以从求今本裏表二字乃傳寫之誤先師陳進士曰說文裘象形字籀文作求則莍爲如裘之義可見尒疋櫟其實梂郭注有梂彙自裹詩椒聊疏梂實也椒之房裹名爲梂也梂卽莍字是裹之爲義有明證也

菭 水衣从艸治聲

濤案尒疋釋艸釋文引菭水青衣也葢古本如此今本奪青字也字誤埶文類聚八十二艸部初學記花艸部御覽一千百卉部廣韻十六咍引亦無青字葢傳寫鈌奪或淺人據今本刪耳

萌 草芽也从艸明聲

濤案玉篇引作草木芽也𣎳字今奪葢六朝本有之

莖　枝柱从艸巠聲

濤案玉篇引作草木幹也葢古本如是一切經音義卷　引字林云莖枝生也任侍御大椿云枝生當爲枝柱之誤然則後人用字林竄改說文耳近世小學家不知說文古本之異於二徐者甚多妄疑唐人以字林爲說文若此之類則二徐眞以字林爲說文也

蕤　艸木華垂皃从艸甤聲

濤案文選陸機園葵詩注引云蕤草木華盛皃也江淹雜體詩引云芳蕤草木華盛皃芳乃涉正文而衍葢古本作盛不

作甤蕤从甤聲與甤同意本書生部甤草木實甤甤也甤甤垂皃亦盛皃故次于丰隆二篆之後丰爲艸盛隆爲豐大甤義不得專屬之垂吳都賦文賦注兩引與今本同乃淺人據今本改琴賦注引作草木花皃則傳寫奪字也

芒 艸耑从艸亾聲

壽案文選應璩與從弟君苗君胄書注引曰芒洛北大阜也今本無此疑古本一曰以下之脫文盧諶時興詩北踰芒與河注芒山名也水經注穀水篇云廣莫門北對芒段先生曰山本名芒山上之邑則作邙後人但知北邙尟知芒山古本當作芒艸耑也一曰洛北大阜也許書之一訓爲二徐所刪

者不少矣

䔏 艸皃从艸造聲

濤案文選長笛賦聽簉弄者注云說文簉倅字如此又江淹雜體詩步櫚簉瓊弁注云說文簉雜字如此左傳昭十一年蘧氏之簉釋文云副倅也說文簉从廾據此則文選注所引簉卽䔏明矣然與今本訓釋迥不相同玉篇云草根雜也疑本許書合三書互訂古本當云䔏艸根雜也一曰副倅也今本乃爲二徐竄刪不可通矣許書無倅字倅當爲萃周禮車僕注萃猶副也

薋 艸多皃从艸資聲

濤案廣韻六脂蕡下云蒺蔾詩作茨說文又作薺復連次薺字於下注云上同疑陸氏所據本此字爲薺字重文其訓當云一曰艸多皃今本爲後人竄易其處玉篇雖蕡薺異處然蕡下亦云蒺蔾也疑古本蕡字本無艸多之訓

䔕 惡艸皃从艸肖聲

濤案龍龕手鑑作惡艸也葢古本如是背乃惡艸之名不應作皃

芮 芮芮艸生皃从艸内聲讀若汭

濤案文選潘岳西征賦注引曰芮小皃芮之訓小古無可證惟本部蒳字訓艸之小者讀若芮則芮亦當爲艸之小者又

列子天瑞篇瞀芮生乎腐蠸釋文云瞀芮小蟲也芮乃蜹字之省然小蟲之字从芮則芮有小義可知古本當作芮芮艸生皃一曰芮小皃二徐疑芮無小義遂刪一訓妄矣又案陳徵君曰古本當作芮芮小皃與蔽蔽小皃同一句法小義可包生義故召南蔽芾毛傳訓小皃小雅蔽芾鄭箋以爲始生其義相因今本艸生皃當是傳寫之譌

苛　小艸也从艸可聲

濤案後漢書宣秉傳注引苛細草也蓋古本如此惟苛爲細艸故引伸之凡事之瑣碎者皆謂之苛細今本作小艸誤漢書高帝紀注　又光武紀注引仍作小草蓋淺人據今本改之苛細也

又案一切經音義卷一卷十二引苛尤劇也又煩擾也尅急也禮記苛政猛于虎是也是古本有一曰尤劇也五字其煩擾已下則未必皆許氏本文矣

薴 艸亂也从艸寍聲杜林說艸䔰薴皃

䔰 䔰薴皃从艸爭聲

濤案一切經音義卷二十一引薴髮亂也與今本不同二字皆从艸似不當訓爲髮亂嚴孝廉曰今本有闕脫當言杜林說艸䔰薴如髮亂也古本或當如是

落 凡艸曰零木曰落从艸洛聲

濤案禮王制尔疋釋詁釋文皆引艸曰苓木曰落是古本作

苓不作零苓爲卷耳之名引伸之則爲苓落之字𩃬爲餘雨諸書言零落者皆假借字

菸 鬱也从艸於聲一曰⿰歹委也

濤案詩中谷有蓷正義引菸緌也緌乃⿰歹委字之誤非古本如是

又案一切經音義十二引蔫菸也鬱⿰歹委也乃傳寫奪菸字也字非所據本不同

菑 不畊田也从艸甾易曰不菑畬甾菑或省艸

濤案六書故引唐本曰古文作甾是甾乃古文非或體矣徐鍇曰此爲从艸从巛从田凡三文合之舊解从艸甾聲傳寫誤

以甾田合爲甾亦無聲字云云則古本作从艸甾聲矣許書
𧗨麗等字皆从古文得聲則此字从甾爲聲正是其例二徐
本誤爲或體遂覺从聲之不可通此唐本之所以可貴也
又案廣韻七之菑說文曰不畊田也甾上同又說文曰東楚
名缶曰甾是廣韻以不畊之田東楚之缶合爲一字楚金亦
有若从甾則下有甾缶字相亂之語然今觀說文篆體二字
絕不相同皆由不知許書从古文得聲之例而爲此肊說也

⿱艹致　艸大也从艸致聲

濤案尒疋釋詁釋文廣韻四覺皆引菿艸大也篇韻皆無⿱艹致
字是古本此篆作菿从艸到聲二徐妄改爲⿱艹致字又於部末

添綴蓟篆訓爲艸木倒謬矣

苾 馨香也从艸必聲

濤案廣韻五質苾說文曰馨香也詩曰苾苾芬芬詩曰以下乃許氏引詩原文古本當有此六字經後人刊落

藥 治病艸从艸樂聲

濤案玉篇引作治疾之草總名葢古本如此廣韻引同今本乃陸孫輩所節引而後人卽據以改說文又廣韻下有禮曰醫不三世不服其藥十字當亦許君偁禮語而今本奪之

藉 祭藉也一曰艸不編狼藉从艸耤聲

濤案文選七命注引作艸編狼藉也乃傳寫奪一不字非古

本無之編則不狠精矣

茨 以茅葦蓋屋从艸次聲

濤案文選東京賦注引曰茅茨蓋屋也當作茨茅蓋屋也蓋古本如是頭陀寺碑文注引茨蓋也乃節取蓋字之義應璩與從弟君苗君胄書注引屋以草蓋曰茨乃崇賢引釋名語傳寫誤作說文耳今本葦字的是誤衍

葺 茨也从艸咠聲

濤案一切經音義卷十三引曰葺茨也葺覆也亦補治也卷十九引曰葺茨也謂以草蓋屋為葺葺補治也觀元應第二引則謂以草蓋屋句乃庾句注中語所云葺覆也云云當亦

演說文語非古本有此二解也

菹 酢菜也从艸沮聲

濤案御覽八百五十六飲食部引作菜酢乃傳寫誤倒

蘫 瓜菹也从艸監聲

濤案御覽八百五十六飲食部引同而字作蘫小注云蘫力甘切非誤字易字乃御覽所據本篆文如此廣韻二十三談云蘫瓜菹又五十四闞云蘫瓜葅也出說文若如今本則與染青艸之字無別矣

萆 雨衣一曰衰衣从艸卑聲一曰萆藨似烏韭

濤案史記淮陰侯列傳索隱曰間道萆山漢書作草說文云

萆蔽也从艸卑聲今各本史記俱誤作箄惟汲古閣本漢書未誤从艸卑聲毛刻本又誤作从卑竹聲是古本作萆蔽也無雨衣二字衰衣即雨衣今本之竄誤顯然

茵車重席从艸因聲鞇司馬相如說茵从革

濤案一切經音義卷三卷二十一兩引作車中重席也是古本尚有中字也字今本奪去遂使語氣不完矣

又案廣韻十七眞引下有詩曰文茵暢轂文茵虎皮也十一字疑古文有偁詩語而今本奪之

𦹰亂艸从艸步聲

濤案廣韻十一暮莎亂艸說文曰亂稾也引說文於亂艸訓

下則古本作稾不作艸今本乃後人據廣韻改耳玉篇亦云
亂稾

苣 束葦燒从艸巨聲

濤案華嚴經音義上云炬渠與切說文曰炬謂束薪而灼之
謂大燭也珠叢曰苣謂莒苣束草爇火以照之也苣即古之
炬字陳文學潮曰今說文艸部有苣訓束葦燒也火部無炬
案禮經言燎言燭言燋不言炬曲禮孔疏古未有蠟燭惟呼
火炬爲燭毛詩傳曰庭燎大燭也鄭注禮曰燋炬也是燎燭
燋炬一也炬字一見史記田單傳屢見鄭禮注則知从火之
炬自古有之徐鉉以爲俗過矣當依此訂正說文作苣解云

束薪而灼之也或从火作炬濤謂慧苑明云苣即古之炬字其所引說文恐亦作苣今作炬者傳寫涉經文而誤耳許書未必有重文炬字又後漢書皇甫嵩傳皆束炬乘城注引說文云束葦燒之是今本亦未誤特奪一之字語氣不完耳古本當作苣束葦燒之也或作束薪而灼之也薪爲同物義得兩通矣

蕘 薪也从艸堯聲

濤案詩板釋文文選長楊賦注龍龕手鑑皆引云蕘草薪也是古本薪上有草字又詩板正義引作蕘即薪也即字乃草字之誤非孔陸所據本不同也左氏昭十三年傳正義引同

今本疑後人據今本改桂大令曰漢書賈山傳芻蕘採薪之人楊雄傳麋鹿芻蕘顏注並云蕘草薪馥謂草薪別於木薪也

蒸 折麻中榦也从艸烝聲𦯶蒸或省火

濤案廣韻十六蒸引折作析蓋古本如是凡治麻必漚而析之今本作折乃傳寫之誤

蒜 葷菜从艸祘聲

濤案齊民要術十御覽九百七十七菜部皆引菜之美者雲夢之葷菜不足釋艸釋文云蒜說文云葷菜也一本云菜之美者雲夢之葷菜是元朗所見之本已與今本不異其云一

本與賈氏所引同可見叔重之書其爲後人竄節已非一日
此六朝之本所以尤勝於唐本也文選養生論注引云蒜葷
菜也與元朗所見不同

葭 葦之未秀者从艸叚聲

濤案御覽一千百卉部引葭灰以候律管葢古本葦之未秀
者下有灰以候律管五字今奪

䓘 艸也似蒲而小根可作㕞从艸㓥聲

濤案玉篇顏氏家訓書證篇御覽一十百卉部可作皆引作
可爲葢古本如是義雖兩通然許書多言可爲罕言可作今
本誤御覽七百十四服用部仍作作疑後人據今本改

薻 水艸也从艸从水巢聲詩曰于以采薻 藻 薻或从澡

濤案文選文賦注引曰謂文藻思如綺會此崇賢解釋陸賦語意非引說文也說文曰三字非傳寫誤衍則必有奪文

艿 艸也从艸乃聲

濤案玉篇引曰舊草不芟新艸又生曰艿蓋古本如此廣韻云陳根艸不芟新艸又生相因仍所謂燒火艿郎本許書爲說列子　篇燒芿燔林芿即艿字之別體今本爲二徐妄刪遂以艿爲艸名試問以何艸當之邪

茸 艸茸茸皃从艸聰省聲

濤案一切經音義卷十六引茸草茸也又亂皃蓋古本作艸

茸茸也一曰亂皃今本奪一訓元應書傳寫又奪一茸字

叢 艸叢生也从艸叢聲

濤案示疋釋魚釋文引作草眾生也是古本作眾不作叢桂大令以爲當作叢然眾生卽叢生似不若作眾之爲有據

草 草斗櫟實也一名象斗子从艸早聲

濤案玉篇引作草斗櫟實一曰樣斗葢古本作樣不作象木部栩柔也其實皁一曰樣又曰樣栩實陸璣艸木疏栩今作櫟也今京洛及河內多言杼汁或云橡斗橡卽樣字之俗傳寫又誤爲象耳子字亦衍

補 [illegible]

濤案玉篇有此字引說文曰艸也蓋古本有此篆今奪六朝人假此爲次第之第蓋从竹从艸之字每相亂也許書有第說詳竹部

補 莘

濤案本書焱部桑盛皃从焱在木上讀若詩曰莘莘征夫一曰役也是古本有莘字晉語正作莘莘許君偁詩毛氏則毛詩亦必莘莘今作駪駪後人所改

蓐部

薅 拔去田艸也从蓐好省聲䒠籀文薅省茠薅或从休詩曰旣茠荼蓼

濤案詩良耜釋文引作拔田艸也葢古本無去字五經文字亦云拔田艸也是今本有去字者誤又詩釋文引說文又云或作茠引此以茠荼蓼則今本作旣茠荼蓼者亦誤又尒疋釋艸釋文云說文茠或作薅字一似茠爲正字薅爲或字者乃傳寫誤倒與詩釋文不合

又案一切經音義卷十一引除田艸曰茠也是古本亦有作除田艸者玉篇亦曰除田艸

茻部

莫 日且冥也从日在茻中

濤案九經字樣有茻亦聲三字小徐本同桂大令曰茻古讀

滿補切與莫聲相近

說文古本攷第二卷上　嘉興沈濤纂

小部

小物之微也从八丨見而分之凡小之屬皆从小

濤案六書故云唐本从八見而八分之葢古本如是八訓爲別別分者猶言分別也今本奪八字誤小徐本亦有八字

八部

余語之舒也从八舍省聲

濤案匡謬正俗引作詞之舒也葢古本如是段先生曰左氏傳小白余敢貪天子之命無下拜此正詞之舒今杜注訓余爲身非是

𥝢二余也讀與余同

濤案玉篇此字列於余下注云同上是顧野王所據本𥝢即余字古本余下當有重文𥝢注云或从二余經傳寫譌誤淺人𥝢爲分裂因以許君說字體从二余之語爲𥝢字訓辭遂至義不可通幸有玉篇可證耳

釆部

釆辨別也象獸指爪分別也凡釆之屬皆从釆讀若辨𠂔古文釆

濤案五經文字上作象獸指爪之形蓋古本如此此正象形字言象獸指爪不必更言分別矣廣韻三十一襉引同今本

當是後人據今本改

宷悉也知宷諦也从宀从釆䆶篆文宷从番

濤案廣韻四十七寢引諦字作諟葢古本或有如是作者諦正字諟假借字玉篇亦云宷知諟也

半部

胖半體肉也一曰廣肉从半从肉半亦聲

濤案一切經音義卷二引胖半體也葢古本如此周禮腊人注杜子春云禮家以胖爲半體正與許合則知今本肉字衍

牛部

牡畜父也从牛土聲

牝　畜母也从牛匕聲易曰畜牝牛吉

濤案一切經音義卷九引牡畜父也雄也詩云駉駉牡馬牝畜母也雌也葢古本如此牝字解旣引易則牡字解宜引詩然毛詩釋文云駉說文作驍則當作驍驍爲是又元應書卷十六引牝畜母也雌也牡畜父也雄也卷二十二引牝畜母也雌也卷十九卷二十四引牝畜母也雌曰牝五引皆同則今本寔有鈌奪不得疑元應誤引他書耳

又案徐楚金云解經傳者多言飛者曰雌雄走者曰牝牡以字體言之則然然據尒疋釋鳥鷯鶉其雄鶛牝庳春秋左傳云龍一雌死至於草木無足致義則云牝麻牡荆未嘗言雌

雄雌雄牝牡之類不可一概而不分又不得偏滯而拘執云
云似小徐所見本亦有雌雄二義故解釋之如此今繫傳本
無者當是後人據大徐本妄删耳

犅 特牛也从牛岡聲

濤案詩魯頌閟宮正義引作特也此沖遠書傳寫偶脫牛字
非古本如此初學記獸部御覽八百九十八獸部皆引同今
本可證

犗 騬牛也从牛害聲

濤案初學記獸部引作騰騬牛也乃傳寫衍一騰字非古本
如此莊子外物篇釋文後漢書陳忠傳注文選吳都賦注皆

引同今本可證

犖駁牛也从牛勞省聲

濤案初學記二十一獸部引犖駁也乃傳寫奪牛字非古本如是御覽八百九十八獸部引有牛字可證

枰牛駁如星从牛平聲

濤案御覽八百九十八獸部引枰牛文駁如星也蓋古本如是今文奪文字也字詞義未完矣初學記玉篇引亦無文字蓋傳寫缺奪陳徵君奐曰枰牛文駁如星與文如鼉魚曰驒色如鰕魚曰騢句法相同

犨牛息聲从牛雔聲一曰牛名

濤案五經文字上云犨尺由反作犫訛廣韻玉篇皆作犨云犨同經典釋文唐石經亦皆作犨是古本說文皆作从牛雔聲今本作从牛雔聲正張參所謂訛字也廣韻十八尤引聲下有也字葢古本如此牛名初學記二十九獸部引作牛鳴趙簡子臣竇犨字鳴犢則作鳴者是

牟牛鳴也从牛象其聲气从口出

濤案一切經音義卷二引牟牛聲也唐柳宗元　賦云牟然而鳴玉篇亦云牛鳴也則作鳴爲是聲乃傳寫之誤廣韻十八尤亦引作牛鳴

牽引前也从牛象引牛之縻也玄聲

濤案一切經音義卷八引牽引也葢古本如是廣韻釋詁云牽引也當本說文言引即有前意不必更加前字

牢閑養牛馬圈也从牛冬省取其四周帀也

濤案御覽一百九十七居處部引作牢閑養牛馬圂也圂乃圈字傳寫之誤非古本如是

犓以芻莖養牛也从牛芻芻亦聲春秋國語曰犓豢幾何

濤案初學記獸部引作以芻莝養牛也文選枚乘七發注引作以芻莝養國牛也是古本莖作莝莝斬芻也莖字無義選注國字疑有誤段先生書作圈云依文選注訂亦未知所據之本桂大令義證引選注亦作圈

物 萬物也牛爲大物天地之數起於牽牛故从牛勿聲

濤案初廣韻八物引作故从牛勿無聲字蓋古本如此此爲會意兼形聲字九經字樣引同今本義得兩通

犧 宗廟之牲也从牛義聲賈侍中說此非古字

濤案書序釋文引賈侍中說此犧非古字是古本此字下尚有犧字今奪徽字正義引作宗廟牲也當是傳寫奪之字

補 ⿰牛菐

濤案初學記牛部引⿰牛菐特牛是古本有⿰牛菐字今奪桂大令馥曰特朴特牛父也朴當作⿰牛菐

補 犅

濤案公羊隱元年傳注用𪐴犅釋文引說文云大也是古本有犅篆

犛部

斄 彊曲毛可以箸起衣从犛省來聲𠩺古文斄省

濤案一切經音義卷二引作强屈毛也葢古本如是今本誤屈爲曲又奪也字耳曲屈聲相近義亦相同然漢有丞相劉屈氂葢假氂爲斄可見古本作屈不作曲廣韻七之引作曲當是後人據今本改

告部

告 牛觸人角箸橫木所以告人也从口从牛易曰僮牛之告

凡告之屬皆从告

濤案易大畜釋文引牿下無人字乃傳寫偶奪非古本如是玉篇引同今本可證

嚳急告之甚也从告學省聲

濤案一切經音義卷三云酷又作嚳俈二形同口斛反說文嚳急也甚也亦暴虐也卷四云酷古文俈嚳二形同口篤反說文酷急也亦暴虐也卷十二云酷古文佶嚳焅三形今作酷同口梏反說文云酷急也苦之甚曰酷亦暴虐也卷十一云酷古文嚳焅俈三形同口木反說文酷急也甚也謂暴虐也卷十二云酷口篤反說文酷急也酷之甚也暴虐也卷十五

云酷古文俈嚳焅三形同苦篤反說文嚳急也酷之甚也謂暴虐卷二十二云酷古文嚳焅俈三形同口木反說文酷急也甚也謂暴虐卷二十三云酷古文嚳焅俈三形今作酷同口木反說文酷急也甚也亦暴虐也卷二十五云酷口木反謂暴虐也說文酷急也甚也合觀諸引蓋古本作嚳急也告之甚也一曰暴虐也今本急下奪一也字又刪去一解耳嚳字从告故爲告之甚元應書所引苦之甚酷之甚皆告字之誤引申之則爲凡甚之義白虎通云嚳者極也極與急音相近兼有甚義文選洞簫賦憤伊鬱而酷⿰酉忍注酷猶甚也乃假酷爲嚳經籍中酷烈酷虐諸字皆嚳之假借酷之本訓爲酒

味厚元應書所引酷字皆嚳字傳寫之誤卷三卷十五正引作嚳字可證

口部

口 人所以言食也象形凡口之屬皆从口

濤案御覽三百六十七人事部引作人之所以言食葢古本所以上尚有之字今奪

噣 喙也从口蜀聲

濤案玉篇引噣喙也詩曰不濡其噣亦作咮詩曰以下六字疑亦說文語今文譌奪耳顧氏以噣咮爲一字是古本咮爲噣之重文今本乃厠於嚶字之上訓爲鳥口也誤甚

喉 咽也从口矦聲
濤案御覽三百六十八人事部引喉嚨也葢古本如是上文嚨喉也正許書互訓之例尒疋釋鳥釋文引蒼頡篇云喉咽也是喉之訓咽乃蒼頡篇文許書不如是
嗌 咽也从口益聲𦏧籒文嗌上象口下象頸脉理也
濤案玉篇嗌字重文作𦏧云籒文本亦作𦏧是六朝本籒文作𦏧今作𦏧者郎希馮所見之別本也漢書百官公卿表曰𦏧作朕虞師古曰𦏧古益字也則𦏧爲益之古文嗌之籒文當如玉篇从口爲是
咣 秦晉謂兒泣不止曰咣从口羌聲

濤案玉篇引兒上有小字葢古本如此本部云呱小兒嗁聲不云兒嗁聲啾小兒聲也不云兒聲也喤小兒聲不云兒聲㘈小兒有知也不云兒有知也咳小兒笑也不云兒笑也可見兒上小字爲淺人所妄節以此例之朝鮮謂兒泣不止曰咺楚謂兒泣不止曰噭咷宋齊謂兒泣不止曰喑兒上皆當有小字

咳小兒笑也从口亥聲孩古文咳从子

濤案玉篇引作小兒笑也禮曰父執子右手咳而名之葢古本如是禮曰十一字乃許氏引禮原文非希馮自引也一切經音義卷九卷十二兩引小兒笑也下皆引禮記文較玉篇

引多子生三月四字右手作之手雖與希馮所引詳略不同然可證古本自有引禮之語耳音義卷九又有咳稚小也四字疑古本此字之一解

㗱 噍也从口集聲讀若集

濤案一切經音義卷十五引作噍貌也是古本多一貌字

噍 齧也从口焦聲嚼噍或从爵

濤案一切經音義卷一引噍嚼也疑古本噍嚼爲二字矣然不足釋獸釋文云嚼字若反廣雅云茹也字書云咀也說文以爲噍字是元朗所見本與今本同且歷引廣雅諸書明他書以噍嚼爲二字說文則以爲一字玉篇亦云噍嚼也恐元

應本引玉篇傳寫誤爲說文耳

吮　欶也从口允聲

濤案文選洞簫賦注一切經音義十八十九二十二十二引吮嗽也說文無嗽字嗽卽欶字之別體卷二十一正引作欶

啗　食也从口臽聲讀與含同

濤案尔疋釋　釋文引作噍也又別引廣雅食也是元朗所見本作噍不作食矣文選風賦注引同今本噍食義得兩通

噂　噍皃从口尊聲

濤案一切經音義卷四引作噂噍一專也咮口也卷十五十六兩引作噍皃也卷十六又引作噂噍噍聲也卷十九引作

噂噍噍嚼聲皃也古本當如卷十五十六所引其卷四所引
有誤字卷十六第二引及卷十九所引又有牽并他字處皆
非古本如此段先生曰元應書三引皆云噂噍噍皃也今檢
本書不如是恐是先生誤記

含 嗛也从口今聲

濤案廣韻二十二覃引作銜也與韻會同是大徐作嗛小徐
作銜本部嗛口有所銜也嗛銜雖以疊韻爲訓解中不得用
銜字

哺 哺咀也从口甫聲

濤案尔疋釋鳥釋文引作口中嚼食也葢古本如是一切經

音義卷一卷十三兩引許注淮南作口中嚼食也卷十四作
嚼食也許君解字與淮南詁訓大卒相同益可證今本之譌
誤玉篇亦云口中嚼食也當本許書

嚛 食辛嚛也从口樂聲

濤案一切經音義卷十二引食辛下無嚛字葢古本如是火
部引周書味辛而不熮呂氏春秋本味篇作味辛而不烈與
熮烈同義食辛罕有不嚛者言食辛不必更言嚛矣
又案玉篇引伊尹曰酸而不嚛葢卽呂覽辛而不烈之異文
烈乃嚛之假借字酸疑爲辛字傳寫之誤

噫 飽食息也从口意聲

濤案一切經音義十一十八引噫出息也卷十四一三引噫飽出息也卷二十引噫飽者出息也玉篇云噫飽出息也顧氏當本說文是今本食字乃出字之誤古本當如元應書卷十四十五所引他卷非奪飽字卽衍者字耳文選長門賦注引字林亦云飽出息也呂氏葢本許說足見今本食字之誤

吸　内息也从口及聲

濤案一切經音義卷五引吸內息也引也謂引氣息入也又卷九引吸內息也謂氣息入也亦引也引氣息入乃說文注解內息之語據元應所引則古本當有一曰引也四字今奪又文選羽獵賦注引作噏息也恐傳寫有誤非所據本不同

又案詩大東載翕其舌箋云翕猶引也玉篇引作吸是翕乃吸字之假借吸本有引義

嘘 吹也从口虛聲

濤案文選七命注引作嘘吹噓蓋古文吹字下尚有噓字玉篇亦云吹噓

喟 大息也从口胃聲嘳喟或从貴

濤案一切經音義卷七引喟大息也嘆聲也卷十五引喟太息也謂歎聲也大息即嘆聲謂嘆聲也四字當是庾氏注語元應書卷十三卷二十但引太息也三字而歎聲一解別引論語何晏注可證非許書之一訓

唫 口急也从口金聲

濤案玉篇引作口急也亦古吟字廣韻二十一侵云唫亦古吟字說文是古本以唫爲吟之古文當列於吟篆下云古文吟一曰口急也今本乃二徐竄改

名 自命也从口从夕夕者冥也冥不相見故以口自名

濤案廣韻十四淸引無冥也二字葢傳寫偶奪非古本如是今本自名下亦奪也字

唯 諾也从口隹聲

濤案一切經音義卷三引唯諾也謂譍之敬辭也謂譍以下六字乃說文注中語

唏 笑也从口稀省聲一曰哀痛不泣曰唏

濤案玉篇引哀痛作哀病乃傳寫之誤非古本如是文選思元賦注但引不泣曰唏則崇賢有所節取矣

咄 相謂也从口出聲

濤案文選張協詠史詩注引與今本同而曹植贈白馬王彪詩注引作吡也蓋古本有一曰吡也四字玉篇亦云咄吡也韻會有一曰呵也是小徐本尚有此四字惟吡誤爲呵耳

唉 譍也从口矣聲讀若埃

濤案一切經音義卷十二引作譍聲也是古本尚有聲字今奪玉篇亦云譍聲也蓋本說文

噂 聚語也从口尊聲詩曰噂沓背憎

濤案詩十月之交釋文云噂說文作僔五經文字亦云僔詩小雅作噂則古本此字無僔詩語人部僔字解引詩僔沓背憎可見此處乃二徐妄竄

呷 吸呷也从口甲聲

濤案文選吳都賦注一切經音義卷十七二十皆引呷吸也是古本注中無呷字子虛賦翕呷萃蔡張揖以爲衣裳張起之聲翕吸古通字吸呷呷吸皆擬其聲故選賦或言喤呷或言呀呷不必定言吸呷也今本呷字乃淺人妄增玉篇引同今本亦是後人據今本改

嘯吹聲也从口肅聲歗籀文嘯从欠

濤案御覽三百九十二人事部引嘯吹也無聲字蓋傳寫偶奪詩召南箋曰嘯蹙口而出聲也蹙口出聲即吹聲之義聲字不應删明刊本御覽引作吟也或古本有此一解

又案文選嘯賦注籀文爲歗在欠部似古文口部無重文

啻語時不啻也从口帝聲一曰啻諟也讀若鞮

濤案一切經音義卷十三引作語時也乃傳寫奪不啻二字非古本如是

吉善也从士口

濤案玉篇引作善也周書曰吉人爲善此與咳下引禮記同

例亦許氏引周書有此七字非希馮自引周書也凡類此者皆古本有而後人妄加刪削

唐大言也从口庚聲暘古文唐从口昜

濤案廣韻十一唐古文暘字下尙有𣅝字注云並古文是陸氏所據本古文有二篆今遺其一

𠷎誰也从口𠃬又聲𠃬古文疇

濤案廣韻十八尤𠃬說文誰也又作⿰口𠃬是古本說文作⿰口𠃬不作𠷎𠷎乃⿰口𠃬之或字耳段先生曰其字从口𠃬聲足矣不當兼从又聲老部壽酉部醻巾部幬皆从𠃬聲竹部籌火部燾言部譸邑部𨞪皆从𠃬聲絕無从𠷎聲之字可知此正當作

𠮛爲𧦝之聲桂大令亦曰疑此从口𠮛聲𠮛者加又字

噦 气啎也从口歲聲

濤案文選潘岳笙賦注引作噦氣氣悟也此傳寫衍一氣字又誤啎爲悟非古本如此一切經音義卷二卷二十兩引與今本同可證

吃 言蹇難也从口气聲

濤案一切經音義卷十五引作言難也重言也是古本尚有下三字今奪惟難字上不當無蹇字此又元應書傳寫脫之非古本無也

嗜 嗜欲喜之也从口耆聲

濤案一切經音義卷二十二引作嗜欲意也貪無厭者也蓋古本作意今本㐂乃傳寫之誤後人又妄加之字於訓解中複舉嗜字皆誤貪無厭者也五字當是庾氏注中語

啖 噍啖也从口炎聲一曰噉

濤案尔疋釋文引作噍也一切經音義卷二十引噍也亦啖與也蓋古本如是今本衍啖字莊大令炘反謂脫啖字者非也又玉篇廣韻皆列噉字爲啖字重文然則古本說文亦當有噉篆在下後人轉寫脫此篆反誤入一曰下爲訓辭謬戾殊甚古本當作一曰啖與也即元應所引後一說是矣尔疋釋文云啗本亦作啖又作噉皆徒覽反可知啖噉同字矣韻

會亦云或作噭是小徐本尙不誤

哽 語爲舌所介也从口更聲讀若井汲綆

濤案華嚴經音義下引哽謂食肉亭骨在喉內也與今本大異本書骨部骾食骨留咽中也則此乃骾字解之異文然說苑云悲憂咽塞者似其亭骨在喉故借喻言之直以爲哽字之解如此矣豈所據本或有不同邪恐緇流讀許書不體致有誤引耳

啁 啁嘐也从口周聲

濤案御覽四百六十六人事部引嘲相調戲相弄也嘲卽啁字之別體是古本此注尙有一曰相調戲相弄也八字今奪

一切經音義引蒼頡篇云啁調也謂相戲調也可證啁爲嘲戲正字徐鉉另增嘲字入新附妄矣

吺 讙吺多言也从口投省聲

濤案六書故云汝朱切唐本殳聲亦作嚅韓退之言口將言而囁嚅殳聲是也余謂即讀當侯切亦當爲殳聲投亦度侯切獨非从殳聲乎

呧 苛也从口氐聲

濤案一切經音義卷十二引作呵也葢古本作訶說詳下呰字條

呰 苛也从口此聲

濤案一切經音義卷六卷廿二華嚴經音義上引苛皆作訶一切經音義卷二卷十四廿三廿四又引作呵廿四作阿乃傳寫之誤葢古本作訶呵即訶之別體玉篇呰口毀也禮喪服四制云訾者不知禮之所生也注云口毀曰訾一切經音義引訾作呰訶有詆毀之義上文呧字注云苛也亦當作訶元應書引作呵說文序苛人受錢義正作訶是苛爲訶之假借字

又案言部詆苛也一曰訶也此乃淺人妄改古本當只作詆訶也觀文選三都賦序注所引可證或說文一本用假借字作苛也淺人不知苛與訶同遂妄增改如此詆之訓訶即呧之訓苛許書从口从言之字義多互通

叴高氣也从口九聲臨淮有叴猶縣

濤案廣韻十八尤引作氣高也高氣氣高義得兩通

吁驚也从口于聲

濤案一切經音義卷三引吁驚語也是古本有語字今奪玉篇吁驚怪之辞也驚語也下三字當本說文

嘖大呼也从口責聲謮嘖或从言

濤案尒疋釋鳥釋文引嘖呼也葢古本無大字左氏定四年傳嘖有煩言荀子正名篇注云嘖爭言也嘖字从責有責讓之義知不當訓爲大呼

嗷衆口愁也从口敖聲詩曰哀鳴嗷嗷

濤案一切經音義卷十二引作噭噭衆口愁也卷十三卷二十又引衆口愁也其標題大字亦作噭噭是古本作噭噭今奪一噭字葢淺人疑爲複舉而删之矣

又案五經文字經典釋文玉篇廣韻噭字皆下口上敫葢古本篆體如此今本乃後人妄改元應書引說文在又作嗸之下則所見本亦不作噭矣

唸 㕧也从口念聲詩曰民之方唸㕧

㕧 唸㕧呻也从口尸聲

濤案五經文字上云屎說文作吚是今本作㕧者淺人改也

詩板尔疋釋訓釋文皆云殿屎說文作唸吚可見古本作吚

不作吁盧學士轉據今本說文以改陸氏音義誤矣

吟 呻也从口今聲䪩吟或从音訡或从言

濤案埶文類聚十九人部御覽三百九十二人事部一切經音義十八皆引吟歎也廣韻二十一侵引吟呻吟也合四書訂之古本當作吟呻吟也一曰歎也今本乃淺人妄刪耳文選蘇子卿古詩注引蒼頡篇曰吟歎也欠部歎吟也吟歎葢互相訓

㖡 語㖡嘆也从口延聲

濤案文選郭璞江賦噴浪飛㖡注引作㖡沫也是古本尚有一曰㖡沫也五字

嘆 吞歎也从口歎省聲一曰太息也

濤案九經字樣作吞聲也葢古本如是嘆歎二字聲義皆近經典每互用不得以歎訓嘆也

喝 潵也从口曷聲

濤案一切經音義卷十一引作渴也潵渴古字通用故所據本庸有異同

噆 嗛也从口朁聲

濤案一切經音義卷十七卷二十引作銜也此與含字訓嗛引作銜者同用假借

吝 恨惜也从口文聲易曰以往吝𠿈古文吝从彣

濤案文選嵇康琴賦注引作悋亦貪惜也葢古本如是今本
恨字誤吝作悋乃依賦中字體許書訓解中每用亦字大半
爲二徐所删

唁 弔生也从口言聲詩曰歸唁衛侯
濤案廣韻三十三線引同惟下列喭字注云上同是古本有
重文喭篆今奪玉篇亦引喭於唁下注云同上又引論語由
也喭此喭字之別一義或并出許氏原文

咼 口戾不正也从口冎聲
濤案一切經音義卷六引作口戾也玉篇及廣韻十三佳亦
云口戾也葢古本皆無不正二字言戾於義已賅何煩言不

正乎淺人妄加其部俗正不待辨

⿰口叔 嘆也从口叔聲

濤案廣韻一屋引作嘆也此葢嘆字傳寫之誤非古本如是

𠯑 塞口也从口氒省聲氒古文从甘

濤案玉篇引無口字葢古本如此廣雅釋詁亦云𠯑塞也當

本許書

嗾 使犬聲从口族聲春秋傳曰公嗾夫獒

濤案左氏宣二年傳釋文引作使犬也葢古本如是方言云

秦晉冀隴謂使犬曰嗾

吠 犬鳴也从口犬

濤案五經文字云吠吹犬聲也上說文下字林是古本作聲
不作鳴然義得兩通

咆 嗥也从口包聲
濤案一切經音義卷四引咆嗥也亦大怒也葢古本有一曰
大怒也五字咆嗥爲熊虎之聲見廣韻而人之大怒亦謂之咆
今人猶言大怒曰咆嗥又一切經音義卷二十二引咆嗥咆
傳寫誤衍咆字

嗥 咆也从口皋聲獋譚長說嗥从犬
濤案一切經音義卷十一引作嘷咆也孫觀察星衍曰从學
俗誤字此可證左傳澤門之晳爲皐門之譌

哮豕驚聲也从口孝聲

濤案一切經音義卷十二引作驚也亦大怒也卷二十三引作古文虓虎鳴也大怒聲據元應所引則古本哮虓爲一字哮乃虓之重文詩闞如哮虎風俗通正失篇引作闞如虓虎文選七啟注亦云哮與虓同豕驚聲之訓不見他傳注此處當爲二徐所竄改宜於本部刪哮篆於虎部虓下添重文則與古本合矣

啄鳥食也从口豖聲

濤案一切經音義卷二十二引作鳥食也啄齧也是古本尚有一曰齧也四字

唬 唬聲也一曰虎聲从口从虎讀若暠

濤案一切經音義卷五引作虎怒聲也是古本有怒字也字今奪

喁 魚口上見从口禺聲

濤案一切經音義卷十二卷十三兩引作衆口上見也蓋古本如是漢書司馬相如傳注王莽傳注後漢書隗囂傳注皆云喁喁衆口向上也是當作衆不當作魚晉書音義上引字林云喁魚口上見今本乃後人據字林改耳玉篇亦云喁衆口也

㕣 山閒陷泥地从口从水敗皃讀若沇州之沇九州之渥地

也故以沇名焉容古文㕣

濤案玉篇引閒作澗蓋傳寫之誤非古本如是

補嗤

濤案文選阮嗣宗詠懷詩嗷嗷今自蚩注引說文曰嗤笑也與蚩同古詩十九首但爲後世嗤注引說文曰嗤笑也是古本有嗤篆今奪與蚩同乃崇賢謂阮詩之蚩即說文之嗤非以嗤爲蚩之重文也

補咬

濤案文選傅毅舞賦潘岳笙賦注兩引說文咬淫聲也今本無咬篆以本部哇諂聲也吺讙聲也例之則古本當有此字

廣韻五肴咬字注云淫聲正本說文

吅部

𡅅亂也从爻工交吅一曰窒𡅅讀若禳㲛籀文

濤案廣韻十二庚引作窒𡅅葢古本如是今本窪字乃傳寫之誤玉篇引作窒穰乃傳寫奪𡅅讀若三字而又譌禳爲穰耳

又案玉篇云𡅅古文是古本尚有重文𡅅篆

嚴教命急也从吅厰聲𠪚古文

濤案廣韻二十八嚴引教命二字作令葢古本亦有如是作者義得兩通

若問脫讀字

喌呼雞重言之从吅州聲若祝

濤案御覽九百十八羽族部引風俗通曰呼雞朱朱雞本朱公所化今呼雞者朱朱也謹案說文解喌喌二口爲讙州其聲也讀若祝祝者誘致禽畜和順之意喌與朱音相似耳應劭所引說文聲讀皆與今本同而訓解似不相同古本說文喌喌必疊字當云喌喌呼雞聲也淺人刪去一喌字又添重言之三字許書無此例也

哭部

喪亡也从哭从亡會意亡亦聲

濤案禮記奔喪釋文引作从哭亡亡亦聲也葢古本無會意

字小徐本从哭亡聲亦無會意字云亦聲則會意在其中大徐本會意二字衍小徐本及奪亡亦二字皆非

走部

趨走也从走芻聲

濤案御覽三百九十四人事部引趨低頭疾行也低頭疾行乃本部趛字之訓頁部顉低頭也趛从金聲故有低頭之義一切經音義卷十四引同今本則御覽趨字乃趛字傳寫之誤非古本如是也

又案釋名釋姿容曰徐行曰步疾行曰趨論語包注亦云趨疾行也疑古本趨字有疾行之一解御覽引在趨條

下當本引趨疾行也趚抵頭疾行也後人傳寫誤并爲一
耳

赴 趨也从走仆省聲

濤案御覽三百九十四人事部引赴直行也葢古本如是尔
疋釋詁赴至也自此至彼謂之赴正直行之義此乃赴之正
解引申之則爲趨赴奔赴矣

趫 善緣木走之才从走喬聲讀若王子蹻

濤案文選西京賦注一切經音義十一皆引趫善緣木之士
也葢古本如此今本傳寫誤士爲才又衍走字皆非玉篇云
善緣木之工也工亦士字之譌

赳 輕勁有才力也从走丩聲讀若鐈

濤案尓疋釋訓釋文引無力字葢傳寫偶奪非古本如是詩周南傳曰赳赳武皃尓疋釋訓曰洸洸赳赳武也武夫尙力知不得少力字

趆 度也从走氏聲

濤案文選陸機赴洛詩注引作渡也乃傳寫之誤非古本如是廣韻十月文選謝混游西池詩注皆引同今本可證

趬 行輕皃一曰趬舉足也从走堯聲

濤案一切經音義卷十三卷二十勦字共三處皆云說文作趬同仕交反卷十五卷十九引作捷健也謂勁速勦健也卷

二十一引作便捷也一末引是元應書以趬勡爲一字今趬下並無重文勡篆力部勡訓勞也與趬截然兩字豈唐本與今本不同乎一切經卷十六又引作行輕皃也一曰舉也亦高也此趬下訓辭亦與今本小異倘趬勡爲一字則所引捷健也等語亦必在勡字下別出一日之例斷不在趬篆下也然勡趬同字旁無左證或恐傳寫有誤姑以存疑
又案史記衛將軍驃騎列傳索隱引趬行疾皃輕疾義得兩通

趀 蒼卒也从走朿聲讀若資

濤案易夬釋文云次本亦作趑或作𧿳說文作趀倉卒也是

古本尙有引易語今奪

趑疑之等趑而走也从走才聲

濤案龍龕手鑑引趑疑也當有奪文而本文亦頗不可解玉篇語亦相同姑从闕疑

趍趨趙久也从走多聲

濤案廣韻五支引趍趙久也葢古本無趨字許書之例以篆文連注讀二徐不知於說解中妄增一趍傳寫又誤爲趨耳下文趙趨趙也亦當作趍趙趍之與趨音訓皆不同玉篇亦作趍趙

又案陳徵君曰久疑是夂之字之譌本書夂行遲曳夂夂象

人兩脛有所躧也正是趍字之訓案濤案廣韻引正作夊字
玉篇亦作夊

⿺走甬 喪辟⿺走甬从走甬聲
濤案廣韻二腫引喪躃⿺走甬也足部無躃字當从今本作辟小
徐本作擗皆誤

⿺走畢 止行也一曰竈上祭名从走畢聲
濤案後漢書銚期傳注引說文⿺走畢與蹕同玉篇云止行也與
蹕同廣韻五質⿺走畢字下列蹕字注云上同合三書互訂是古
本尙有重文蹕篆今奪

止部

止下基也象艸木出有址故以止爲足凡止之屬皆从止
濤案文選西征賦注引趾基也許書無趾字趾卽止字之別
體蓋古本無下字言基卽在下不必更言下矣小徐本作下
無基字更誤

歱跟也从止重聲
濤案玉篇一切經音義卷十二引作足跟也蓋古本如是足
部曰跟足歱也此云足跟也正合互訓之例今本爲淺人所
刪跟玉篇作跟用或體字

峙躇也从止寺聲
濤案廣韻六上引有峙躇不前也五字今本爲足部躇字之

說解以許書通例證之此解當作峙䠏不前也足部䠏字注
當作䠏峙䠏也今本爲二徐妄竄廣韻峙䠏也三字亦後人
據今本竄入
又案一切經音義卷二十引躊躇猶豫也躇卽䠏之俗體本
書亦無躊篆玉篇云躊躇猶猶豫也是元應本引玉篇傳寫
譌爲說文耳
躄止人不能行也从止辟聲
濤案一切經音義卷十六引無人字葢古本如是六書故所
引亦同今本誤衍
癶部

癶 足刺癶也从止𣥂凡癶之屬皆从癶讀若撥

濤案五經文字上作篆足有所刺癶也葢古本如是今本刪節文義不完玉篇云癶說文作癶足有所刺也奪篆癶二字尚較今本爲勝惟廣韻十三末引同今本當是後人據今本改

說文古本攷第二卷下　　嘉興沈濤纂

是部

是 直也从日正凡是之屬皆从是昰籒文是从古文正

濤案五經文字是字入日部葢古本从日不从日

辵部

辵 乍行乍止也从彳从止凡辵之屬皆从辵讀若春秋公羊傳曰辵階而走

濤案廣韻十八藥引作乍行乍止从彳止聲葢古本如此此部首字往往形聲兼會意二徐皆以爲非聲而删之然五經文字作从行从止與今本同則古本亦有如是作者

巡延行皃从辵川聲

濤案玉篇用作視行也葢古本如是視行謂省視而行今本延字不可通

逝往也从辵折聲讀若誓

濤案一切經音義卷六引往作行葢古本如是廣雅釋詁逝行也當本許書詩碩鼠逝將去汝猶言行將去汝耳逝之訓往訓去皆與行義相近而非字之本義也廣韻十二祭逝往也行也去也

遚迹遺也从辵昝聲

濤案廣韻十九鐸引作逪遺也葢古本如此此即交錯正字玉篇亦云遚逪遺也今本誤

迻 遷徙也从辵多聲

濤案廣韻五支引作遷也無徙字然上文徙迻也則迻徙正互相訓玉篇亦云徙也遷也疑古本止作徙也無遷字玉篇上一訓正用許書下一訓別有所本今本乃據玉篇妄增遷字廣韻傳寫又誤徙爲遷益增譌謬矣觀下文遷解訓登遁解訓遷知迻解不得有遷字

遁 遷也一曰逃也从辵盾聲

濤案一切經音義卷十三引作遷也亦退還也逃也卷二十引亦同惟逃字作隱字玉篇亦云逃也退還也隱也葢古本尙有退還也三字下文遯逃也遁遯古字通用而許君分爲

二字遯既訓逃則遁當訓隱一爲隱遁正字一爲逃遯正字元應書卷十三逃字乃後人據今本改玉篇逃也當爲遷也之誤

[illegible]遣也从辵徙省[illegible]籀文不省

濤案玉篇引作遣也詩曰遣送于野詩曰六字亦許氏原文古本有之後人誤以爲顧氏引詩而刪之

又濤一切經音義卷十五引遂去也當是古本之一訓

邐行邐邐也从辵麗聲

濤案尔疋釋邱釋文引邐行也乃傳寫奪邐邐二字非古本如是

逮 唐逮及也从辵隶聲

濤案一切經音義卷二引逮及也蓋古本無唐逮二字逮之訓及見於傳注者甚多而唐逮之語他書未見疑古本作逮及也讀若唐棣後人傳寫誤奪讀若二字又誤棣爲逮淺者妄移于及字之上或遂疑爲古語之不傳于今者據元應所引則本無此二字篇韻皆云逮及也當本說文

又案華嚴經音義下張逮及也字从之不从及陳文學潮曰字从之謂下體从辵也不从及謂又也

又案徐楚金曰按尔疋逮及暨與也又過遝逮也又曰逮及也義皆相遝云云初不詮釋唐逮之義是小徐所據本亦無

此二字而今繫傳本有者乃後人據大徐本改耳

逶　逶迤衺去之皃从辵委聲蟡或从虫爲

濤案文選舞賦注劉峻廣絕交論注引作逶迤邪行去也一切經音義卷十九引作逶佗行去也是古本作邪行去也今本奪行字又改也字爲之皃二字皆誤元應所引正與崇賢所據本同特傳寫脫邪字耳逶迤作逶佗古字通用依字佗當爲迤邪當爲衺

遴　行難也从辵粦聲易曰以往遴僯或从人

濤案漢書高惠高后文功臣表序注晉灼引許慎云遴難行也葢古本如是難行行難義得兩通然晉氏下申之曰言今

行封則得繼絕者少是所見本作難行不作行難

達行不相遇也从辵羍聲詩曰挑兮達兮达達或从大或曰迭

濤案詩子衿釋文引作達不相遇也此葢傳寫誤奪或元朗節引非古文無行字也

逯行謹逯逯也从辵彔聲

濤案一切經音義卷二引逯謹也亦人姓也卷六引逯行謹逯也亦人姓也兩引不同葢卷二所引乃節取謹字之義卷六所引乃傳寫誤奪逯字廣雅釋訓逯逯衆也逯逯自是古語不得刪去一字人姓之說亦與許書無涉

迵　迵迭也从辵同聲

濤案廣韻一送引作迭也蓋古本如是今本衍一迵字

遺　亡也从辵貴聲

濤案一切經音義卷七卷十一引遺與也蓋古本當有一曰與也四字遺之訓亡自是正解而遺又訓贈見廣韻又訓貽見玉篇周禮遺人注曰以物有所餽遺也皆與與義相近今本乃後人妄删

遂　亡也从辵㒸聲𨒪古文遂

濤案一切經音義卷十引遂成也蓋古本有一曰成也四字遂之訓成婁見禮記國語呂覽淮南等注廣韻遂字注亦有

成也一義葢本許書

𨘻擂也从辵畾聲

濤案玉篇引擂作⿰忄畾許書心部無⿰忄畾字而手部亦無擂字此

當闕疑

迫近也从辵白聲

濤案史記梁孝王世家索隱引近作笮葢古本如此竹部笮

迫也迫笮互訓漢書王莽傳迫笮靑徐盜賊笮義通迮亦偪

近之義今本作近義雖可通而非許君原文矣

逞通也从辵呈聲楚謂疾行爲逞春秋傳曰何所不逞欲

濤案文選張衡思元賦注引逞極也葢古本尙有一曰極也

四字今奪

又案陳徵君曰方言東齊海岱之間疾行曰遫楚曰逞則逌字似遫字之譌一曰極也當在遫謂疾行爲逞之下春秋傳曰之上

道 所行道也从辵从首一達謂之道𡬞古文道从首寸

濤案御覽一百九十五居處部引作一達謂之道路葢古本如此許君語本尒疋尒疋本有路字不得妄刪廣韻三十二晧引無路字亦是後人據今本改

彳部

彳 小步也象人脛三屬相連也凡彳之屬皆从彳

濤案五經文字作象人脛形是今本奪一形字

復 往來也从彳复聲

濤案一切經音義卷六引復往來也謂往來復重也謂往來以下六字乃說文注中語

徼 循也从彳敫聲

濤案後漢書董卓傳注引循作巡葢古本如此漢書趙敬肅王彭祖傳注徼謂巡察也後漢班彪傳注徼道徼巡之道荀子富國篇注徼巡也是古徼巡字作巡不作循其作徼循者皆假借字許君解字自當用正字也

循 行順也从彳盾聲

濤案書泰誓正義一切經音義卷十三十七二十二引皆無順字然循訓爲順傳注屢見循字似不得單訓爲行恐二書傳寫有奪非古本如是也以下文急行隱行之例行順當作順行

又案一切經音義卷十二引行示曰循行示乃徇字之解此注標題逗徇二字云又作徇同辭俊反則所引當是行示曰徇之誤

彶 急行也从彳及聲

濤案一切經音義卷五卷十三引作彶彶急行也葢古本重一彶字許書之例以篆文連注讀淺人不知疑注中彶字爲

複舉而删之諸書多言汲汲即彶彶之假借字廣雅釋訓彶
彶遽也遽即急行之義元應書作彶彶蓋从人从彳每多相
亂元應又云今皆从水作汲十七卷引傳寫誤作汲汲
徯待也从彳奚聲蹊徯或从足
濤案詩緜正義引蹊徑也蓋古本一曰以下之奪文
徛舉脛有渡也从彳奇聲
濤案尔疋釋宮釋文引作舉脚有度也蓋古本作度不作渡
脛脚義得兩通尔疋石杠謂之徛謂聚石水中爲步徛見郭注
與石梁不同若非舉足有度必有傾跌之患是以即以義爲
舉脚有度之徛字爲名淺人見爲石杠之名遂改度爲渡妄

矣

𢓜 行示也从彳勻聲司馬法斬以𢓜

濤案六書故云唐本旬聲一切經音義十三十八亦引作徇是古本作徇不作𢓜也勻旬古通用玉篇𢓜字注引說文徇字注云亦同𢓜字是顧氏所見本與今本同經典相承通用徇字二字義得兼通

又案泰誓正義引徇疾也蓋古本一曰以下之奪文

亍 步止也从反彳讀若畜

濤案文選魏都賦注引亍步也蓋古本無止字魏都賦云澤馬亍阜赭白馬賦曰秀騏齊亍皆無止義則今本有止字者

誤玉篇引同今本乃後人據今本改

延部

延長行也从㢟丿聲

濤案文選顏延年登巴陵城樓作詩注引無行字葢古本如是延之訓長見尔疋釋詁若如今本則與㢟字之訓無別矣玉篇亦云長也當本許書

行部

街四通道也从行圭聲

濤案文選西都賦注引無道字葢傳寫誤奪非古本如是居處部引通作達義得兩通

衙 行皃从行吾聲

濤案廣韻九魚引衙衙行皃葢古本如此二徐不知篆文連注之例以注中行字爲複舉而刪之此猶習習數飛也今本刪去習字之比

𧗳 行且賣也从行从言衒𧗳或从玄

濤案一切經音義卷六引下有詃也二字說文無詃字恐傳寫誤衍

衛 宿衛也从韋帀从行行列衛也

濤案九經字樣列下無衛字葢古本如此此言宿衛之有行列以釋从行之義古無稱列衛者今本之誤衍顯然韻會亦

無衙字是小徐本尚不誤

齒部

齗 齒本也从齒斤聲

濤案一切經音義卷一卷九卷十五引齗齒肉也篇韻皆作齒根肉也疑古本作齒本肉也元應所引奪一本字今本奪一肉字耳

齔 毀齒也男八月生齒八歲而齔女七月生齒七歲而齔从齒从七

濤案左氏僖五年正義引作男八月齒生女七月齒生廣韻二十一震引男八月而齒生女七月而齒生蓋古本亦有如

是作者玉篇及御覽三百六十人事部一切經音義皆引同
今本則今本亦不誤也一切經音義卷四卷二十皆引作从
齒七聲小徐本亦作七聲段先生曰各本篆作齔云从齒从
七初忍初覲二音殆傅會七聲爲之今按其字从齒匕匕變
也今音呼跨切古音如貨毀與化義同音近元應書卷五齔
舊音差貴切卷十一舊音羌濤案羌即差字之譌貴切然則古讀如未
韻之毀齒本从匕匕亦聲濤案當从齒匕聲許書聲本兼義也自誤从七旁元
應云初忍切孫愐云初堇切廣韻乃初覲切集韻乃初問恥
問二切其形唐宋人又譌齔从乙絕不可通矣一切經音義
卷十七歲而齔作七歲而毀可見齔之當讀毀卷二十引作

男八歲而爲齔女七歲而毀齒

䶘

齒相値也一曰齧也从齒責聲春秋傳曰晳䶘

濤案左氏定五年傳釋文引作齒上下相値也葢古本有上下二字今奪正義及玉篇引同今本乃後人據今本改

齜

齒相斷也一曰開口見齒之皃从齒柴省聲讀若柴

濤案一切經音義卷六引作謂開口見齒也是古本不作皃謂字乃元應所足

齞

口張齒見从齒只聲

濤案文選登徒子好色賦注引作張口見齒也葢古本如是今本傳寫誤倒便覺不詞韻會亦同選注所引是小徐本尚

不誤齬齒也从齒虘聲　案齬字上脫齇字篆文宜另行

濤案一切經音義卷六引齇齒不正也葢古本如是玉篇亦

云齒不正也當本許書東方朔傳曰齟者齒不正也齟即齇

字之別體

齹　齒參差从齒差聲

𪘏　齒差跌皃从齒佐聲春秋傳曰鄭有子𪘏

濤案左氏昭十六年傳釋文云齹字林才可士知二反說文

作𪘏云齒差跌也在河千多二反是古本說文有𪘏無䶢字

林始有䶢字今本䶢篆當删

齮　齧也从齒奇聲

濤案一切經音義十三引齮側齧也葢古本如是史記高祖紀索隱云許慎以爲側齧是唐以前本皆有側字字从奇聲有偏側之義如掎爲偏引是也漢書田儋傳注引如淳曰齮側齧也今本爲淺人所刪玉篇引同今本乃後人據今本改

齩 齧骨也从齒交聲

濤案一切經音義卷一卷十一卷十九卷二十三引齩齧也乃傳寫奪骨字非古本無之卷九卷十八引同今本可證文選七命注引亦有骨字

牙部

牙 牡齒也象上下相錯之形凡牙之屬皆从牙 𤘗 古文牙

濤案九經字樣作壯齒是古本不作牡輔廣詩童子問壯齒謂齒之大者

足部

足 人之足也在下从止口凡足之屬皆从足

濤案玉篇引作在體下葢古本有體字今奪五經文字又作从口下止與今本不同

跖 足下也从足石聲

濤案一切經音義卷五引跖足下也蹠也是古本有一曰蹠也四字跖蹠說文爲二字經典皆假蹠爲跖廣雅釋詁訓蹠爲履漢書楊雄傳注訓蹠爲蹈文選舞賦注引淮南許注訓

蹠爲踏楚辭哀郢注訓蹠爲踐皆與躡義相近自不得少此
解元應又引蒼頡篇云蹠跖也

蹡行皃从足將聲詩曰管磬蹡蹡
濤案詩執競釋文引作𨃨𨃨行皃是古本說解中當復舉𨃨
字

蹻舉足行高也从足喬聲詩曰小子蹻蹻
濤案漢書高帝紀注晉灼引許愼云蹻舉足小高也晉書音
義亦云舉足小高也葢古本行字作小然玉篇亦引作行而
五經文字亦云舉足行高一切經音義卷十六引同是梁陳
以後之本皆與今本同矣此說文之本所以愈古愈妙也

蹌 動也从足倉聲

濤案廣韻十陽引有詩曰巧趨蹌兮六字蓋古本有偁詩語而二徐刪之

蹴 躡也从足就聲

濤案一切經音義十一引蹴蹋也以足逆蹋之曰蹴蓋古本作蹋下七字乃注中語躡蹋義雖相近觀以足蹋之訓則自當作蹋不當作躡蹴蹋雙聲字卷十二亦引蹴蹋廣雅釋詁亦云蹴蹋也正本許書

躡 蹈也从足聶聲

濤案文選藉田賦注引躡追也蓋古文一曰以下之奪文七

啟云忽躡影而輕騖是躡有追義也

跨 渡也从足夸聲

濤案五經文字下云跨跨上說文下經典相承隸省是古本

說文作跨不作跨矣夊部午跨步也苦瓦切此文當作从足

从大午聲

蹈 踐也从足舀聲

濤案華嚴經音義卷十五卷六十八兩引蹈蹋也卷十五無也字蹋

即訓踐義得兩通一切經音義卷十六引同今本蓋元應慧苑

所據本各不同

踵 追也从足重聲一曰往來見

濤案一切經音義卷四引云踵相迹也亦追也往來之皃也葢古本以相迹爲正解當作一曰追也一曰往來之皃也今本妄刪一解又節去數字二徐之謬誤如此廣雅釋詁亦云踵迹也正本許書

蹢住足也从足適省聲或曰蹢躅賈侍中說足垢也

濤案文選別賦古詩十九首注引蹢躅住足也是古本有躅字許書之例以篆文連注讀淺人以爲躅字單文不詞而刪之又妄添或曰蹢躅四字足垢之訓疑專指蹢字

又案陸士衡招隱詩注引蹢作躊云躊與躑同躊乃蹢字之誤躊乃躊躇字見一切經音義卷二十所引說文與蹢躅無

步也又司馬紹統贈山濤詩撫劍起躑躅注引說文曰蹢躅住足也躑躅與蹢躅同案許書作躅不作躅而選注他處所引亦皆作躅不作躅疑詩本作躑躅崇賢引許書蹢躅以注之云躑躅與蹢躅同今本傳寫互易耳

䟺 步行獵跋也从足貝聲

濤案一切經音義卷十五引䟺步也乃傳寫誤奪三字非古本如是玉篇亦云步行獵跋也

躓 跲也从足質聲詩曰載躓其尾

濤案文選謝靈運還舊園作詩引躓跌也跌即跲字傳寫之誤非古本如是躓跲互訓毛傳亦云疐跲也疐即躓之假借

字

蹎跋也从足眞聲

濤案一切經音義卷十四引跋作蹳今本說文無蹳字而繫傳有之訓爲蹎蹳與跋之訓蹎跋相同疑卽跋之重文大徐誤奪小徐又誤分爲二耳卷二十二引蹎走頓也則係走部⿺走眞字之解當是元應書本作⿺走眞字傳寫誤爲蹎卷十四引⿺走眞字之解正同今本非所據本有異也

跋蹎跋也从足犮聲

濤案詩狼跋正義引無跋字蓋古本如是跋訓爲蹎蹎訓爲跋正許書互訓之例今本說解中跋字誤衍

踖 小步也从足昔聲詩曰不敢不踖

濤案走部趚字注引詩不敢不趚玉篇同云今作踖希馮蓋據許書爲說今作云云者謂當時毛詩本不作趚字則此處偁詩者乃後人妄加也玉篇亦云小步也而無偁詩語知六朝本尚不誤

蹇 跛也从足寒省聲

濤案一切經音義十二引蹇挂礙也當是古本之一訓

距 雞距也从足巨聲

濤案一切經音義卷九引作雞足距之也蓋古本作雞足之距也元應書傳寫誤倒今本尤爲誤奪耳

補 蹝

濤案文選長門賦云蹝履起而彷徨注引說文曰蹝躧也是古本有蹝篆選注又引一曰蹝鞮屬䩮爲鞮屬見本書革部初不作蹝據崇賢所引似爲蹝之一解蓋古本䩮爲蹝之重文在足部不在革部猶躧字重文之作𩏾也玉篇又以蹝爲躧之重文似所據本不同而皆有蹝篆

補 跢

濤案言部誃讀若論語跢予之足是古本有跢篆玉篇跢倒也廣韻跢倒跢也

補 輕足

濤案金部鑾讀若春秋傳鑾而乘他車是古本有鑾篆㚇大
令日昭二十六年左傳作鑾杜預本作躄故訓一足行後轉
寫變爲鑾玉篇躄一足行貌廣韻躄一足挑行五經文字鑾
金聲也又一足行貌一文二義是唐本已脫躄字矣

疋部

疋足也上象腓腸下从止弟子職曰問疋何止古文以爲詩
大疋字亦以爲足字或曰胥字一曰疋記也凡疋之屬皆从疋
濤案玉篇引同而無或曰胥字四字葢古本無此四字胥爲
蟹醢从疋得聲而非卽胥字今殆二徐妄竄

疏門戸疏窻也从疋疋亦聲囱象𦥑形讀若疏

濤案一切經音義卷七卷十二皆引作房室日疏疏亦囪葢古本如是囪部云在牆日牖在屋日囱在房室則日𤕟矣門戶不應有囱今本之誤顯然疏即𤕟之通用字

又案音義卷十四引𤕟窻也𤕟从疋疋足也从囱象其形也門之窻牖皆所以引通諸物故从疋疋取通行意也𤕟从疋以下當是演說文語庾氏葢言門戶引通諸物與窻牖同亦非謂門戶有窻也

龠部

䶵 管樂也从龠虒聲 篪 或从竹

濤案一切經音義卷十八引作管樂也有七孔卷十九引作

管有七孔詩云仲氏吹篪是也合兩引互訂是古本作管樂
也有七孔詩云仲氏吹篪今本奪略殊甚元應兩引作篪並
云又作䶵竾二形同葢古本尙有重文竾篆

龢調也从龠禾聲讀與咊同

濤案一切經音義卷六引作音樂和調也以下文龤字注樂
和龤也例之古本葢作樂和調也元應書衍音字今本奪樂
和二字

龤樂和龤也从龠皆聲虞書曰八音克龤

濤案一切經音義卷十二引龤樂和也乃傳寫奪一龤字非
古本無此字也

冊部

冊 符命也諸侯進受於王也象其札一長一短中有二編之形凡冊之屬皆从冊 𥬂 古文冊从竹

濤案華嚴經音義上引云冊符命也謂上聖符信教命以授帝位字或从竹或古爲圓行也據此則古本𥬂乃或字非古文或古爲圓形句乃謂冊之古文其如何爲圓形則不可曉矣圓當作圖謂上聖以下至帝位十一字當是說文注中語又案文選冊字總題注引進受於王下無也字又中有二編之形二字作中有二編也此崇賢節刪非古本如是

扁 署也从戶冊戶冊者署門戶之文也

濤案文選景福殿賦注引無之文二字乃崇賢節刪非古文如是扁作楄从賦中字體

若欲翻書、勿以爪掐。若欲看書、勿以手壓。掐則痕多。壓則汙塌。不可摩擦、擦則糢糊。不可捲折、折則痾瘦。不可亂黏。不可狂塗。識者所笑。馬牛襟裾。書貴齊整。不宜散亂。部正行勻。秩然可玩。書貴齊修。不宜齷齪。潔淨精良。人生一樂。即不常讀。亦可常翻。讀之養心。翻者怡顏。書有廉隅。書有文飾。彼讀書者、自宜愛惜。不讀書者、亦宜惜書。雖無他智。即此非愚。予亦有書、百千萬卷。不汙不塵。不折不捲。若欲讀書。奉贈此法。予言或然。幸垂笑納。

（魏善伯詩）

重印說文古本攷

三至四之下

說文古本攷第三卷上　　嘉興沈濤纂

㗊部

器　皿也象器之口犬所以守之

濤案尔疋釋器釋文引器皿也飲食之器从犬从㗊聲也與今本不同許書象形者本無其字㗊乃部首且有四口不得云象器之口葢古文作从犬所以守之㗊聲元朗所引奪所以守之四字今本又爲二徐妄改耳玉篇引同今本當是後人據今本改

舌部

舌　在口所以言也别味也从干从口干亦聲凡舌之屬皆从

舌

濤案玉篇引作在口中所以立言者葢古本口下有中字言上有立字古本當作在口中所以立言別味者也今本奪中字立字者字衍也字玉篇傳寫又奪別味二字耳六書故引李陽冰開口則干人故从干乃是當塗肊說非許義

舓以舌取食也从舌易聲䑛舓或从也

濤案玉篇引食作物葢古本如是以舌取物皆謂之舓不必專言取食也

干部

干犯也从反入从一凡干之屬皆从干

濤案六書故引蜀本說文曰干盾也與今本不同然一切經音義卷十三云干犯也觸也从一止也倒入爲干字意也雖不明引說文而實本許書則古本自作犯不作盾蜀本不可從

谷部

谷 口上阿也从口上象其理凡谷之屬皆从谷㗖谷或从此臄或从肉从豦

濤案廣韻十八藥引又一曰笑皃四字葢古本有之今奪

㐁 舌見从谷省象形

濤案玉篇引象形下有一曰竹上皮五字葢古本有之今奪

㐁部

矞以錐有所穿也从矛从冏一曰滿有所出也

濤案廣韻六術引作一曰滿也乃傳寫奪有所出三字非古本如是

商从外知內也从冏章省聲𠷎古文商𧶜亦古文商𧷒籀文商

濤案汗簡卷上之一𧷒商見尚書𠷎𧶜並見說文是古本重文篆體作𧷒不作𧶜矣二徐乃以古尚書之體誤竄於此

句部

笱曲竹捕魚笱也从竹从句句亦聲

濤案初學記卷二十二武部引笱者曲竹以爲之乃檃括之

詞非古本如是御覽八百三十四貧産部引同今本可證

丩部

糾繩三合也从糸丩

濤案文選解嘲注引作三合繩也葢古本如是玉篇亦云三合繩也門部鬮字注讀若三合繩糾是許君不作繩三合一切經音義卷二十二引繩三合曰糾疑後人據今本改

十部

肸響布也从十𦣞聲

濤案文選甘泉上林賦注皆引肸蠁布也葢古本作蠁不作響肸蠁二字篆文連注讀

廿 二十并也古文省多

濤案龍龕手鑑引無并字乃傳寫偶奪

卙 詞之卙矣从十咠

濤案廣韻二十六緝引作詞之集也葢古本如是玉篇亦云辭之集正本說文段先生曰此下當有詩曰辭之卙矣六字然許君偁詩毛氏今毛詩作輯不作卙訓和不訓集則未必有此六字也

卅部

補 卌

濤案廣韻二十六緝卌字注引說文數名是古本有卌篆林

部𣡌字从之注云卌數之積也與庶同意其爲今本誤奪無
疑然廣韻數名二字亦恐有誤以廿字二十并卅字三十并
例之當云四十并也玉篇云卅三十也卌四十也正本許書
又案芥隱筆記曰據說文廿而集反二十并也卅速達反三
十并也卌先立反四十并也是龔氏所見說文有此字其訓
解正與廿卅同例
又案漢石經論語年卌而見惡焉正作卌字

言部

𧥥直言曰言論難曰語从口䇂聲凡言之屬皆从言
濤案藝文類聚十九人部御覽三百九十人事部引論難皆

作論議蓋古本如是本部語論也論議也議語也論議語三字互相爲訓則此文作論議不作論難可知詩大雅公劉傳荅難曰語從正義本周禮大雅樂注亦云荅難曰語荅難卽反覆辨論之意今本毛傳作論難誤廣韻六語引字林荅難曰語正本毛傳禮部韻略引作論難亦宋後所改又案周禮大司樂疏引作直言曰論荅難曰語乃傳寫有誤賈氏正釋經文言語二字不應引論語字以詮之論乃言字之誤論議之作荅難又涉注語而誤也

謦欬也从言殸聲殸籒文磬字

濤案一切經音義卷六引謦亦欬也今本奪亦字非是汪生

獻玗曰說文之例多有言亦者本部診視也後漢書王喬傳注引作診亦視也凡此之類全書不可枚舉故古本決有亦字

詵 致言也从言从先先亦聲詩螽斯羽詵詵兮

濤案詩螽斯釋文云詵詵說文作𡖍是元朗所據本多部有𡖍篆今本奪此字淺人強以引詩語竄入詵下皆非也玉篇引作致言也無詩曰八字可證六朝及唐時本如此

又案焱部燊盛皃讀若詩莘莘征夫本書無莘字莘葢𡖍字之譌則皇華之駪駪亦當作𡖍𡖍而許書之有𡖍斷然矣

詩 志也从言寺聲𧦣古文詩省

濤案汗簡卷上之一引說文詩字作𧥝是古本古文篆體不作𧥝也或古文之一體今本誤奪

讖 驗也从言韱聲

濤案史記賈誼傳索隱引讖驗言也文選鵩鳥賦注引讖驗也有徵驗之言河洛所出書曰讖魏都賦注亦引河洛所出書曰讖是今本奪有徵驗以下十二字文選思元賦舊注引蒼頡篇曰讖書河洛書也一切經音義卷九引三蒼曰讖秘密書也出河洛是古字書無不以讖爲河洛所出者二徐妄刪此語淺陋甚矣驗即譣字之通假古傳注皆釋讖爲驗不應更著言字崇賢元應書所引皆無此字恐是小司馬書傳

寫誤行

又案一切經音義卷二引讖驗也謂占後有効驗也謂占以下當是庾氏注中語

訓 說教也从言川聲

濤案一切經音義卷二十二引作訓導釋也此疑所引涉他書而誤未必古本如此篇韻亦無導釋之義

諭 告也从言俞聲

濤案史記朝鮮傳索隱引作諭曉也葢古本如是廣雅釋言云諭曉也禮記文王世子注諭猶曉也周禮掌交注諭告曉也是告曉義本相近論之釋告亦見廣雅釋詁然觀小司馬

所引則許書本作曉不作告矣

又案下文諄告曉之孰也告曉二字連文或許書本作告曉

也如周禮注所釋小司馬節引其一今本又誤奪其一耳

誾 和說而諍也从言門聲

濤案一切經音義卷十二引作誾誾和說而爭蓋古本如是

說解中誾字爲淺人所刪爭諍通用字

又案玉篇廣韻一切經音義三書皆云古文訔同是六朝唐

本皆有重文訔篆今奪

謨 議謀也从言莫聲虞書曰咎繇謨𠱱古文謨从口

濤案玉篇引同而古文暮字作𧬈此顧氏書誤字非古本如

是觀廣韻十一模謨古文正作暮可證矣廣韻又云亦作謩

或魏晉閒有謩字耳非古文作謩也

議語也从言義聲

濤案御覽五百九十五文部引作議語也又曰論難也是古

本尚有一曰論難也五字今奪

信誠也从人从言會意㐰古文从言省𧦝古文信

濤案汗簡卷上之一引說文信字作[illegible]是古本古文篆體不

作𧦝也今本疑誤

誠信也从言成聲

濤案一切經音義卷二十五引誠信也敬也而卷六但引誠

信也又引廣雅誠信也則敬也一訓乃元應自引廣雅傳寫奪廣雅誠三字耳非古本有此一解也

誥 告也从言告聲𧦢古文誥

濤案汗簡卷上之一引說文誥作𧦢葢古本篆體如此今本疑傳寫微誤

詁 訓故言也从言古聲詩曰詁訓

濤案後漢書桓譚鄭興二傳注一切經音義卷二十二皆引云詁訓古言也葢古本如此故即詁字之假借不得以故釋詁詁訓二字連文毛詩云詁訓傳詩大雅古訓是式猶言詁訓是式詁从古聲許書聲亦兼義故以古釋詁詩關雎正義

曰詁者古也詩抑宂疋釋詁釋文皆引詁故言也疑後人據
今本改而傳寫又奪訓字
又案詩抑告之話言釋文云說文作詁則元朗所見說文本
此處引詩作告之詁言矣毛傳曰話言古之善言也話當作
古以古釋詁正與許同自毛詩本傳誤而淺人疑詩無告之
話言句遂妄改如此
又案本部話字解引傳曰告之話言段先生曰當作春秋傳
曰著之話言見文六年左氏傳淺人但知抑詩故改之删春
秋字妄擬詩可稱傳也抑詩作告之詁言於詁下稱之又妄
改爲詩曰詁訓

諗 深諫也从言念聲春秋傳曰辛伯諗周桓公
濤案左氏閔二年釋文引作深謀是古本不作諫諫不得言
淺深詩四牡傳尒疋釋言皆云諗念也念有深思熟慮之意
故曰深謀淺人見桓十八年傳諗作諫遂妄改爲諫耳左氏
閔二年傳注詩四牡箋皆云諗告也葢深爲人謀而後告之

䛂 徒歌从言肉
濤案六書故云謠又作䛂徐本說文無謠字䛂徒歌也从言
肉唐本曰䛂从也从言从肉肉亦聲謠徒歌也晁氏曰䛂余
周切謠余招切是古本說文䛂謠分爲二字亦爲二音廣韻十
八尤䛂从也以周切四宵謠謠歌也尒疋徒歌謂之謠餘昭

切正與古本相合蓋䍃爲繇之正字繇本通由故訓爲从玉
爲亦云䚻从也二徐妄刪謠字遂將徒歌之訓移於䚻字之
下又疑肉爲非聲妄刪聲字致後世之爲小學者皆以經典
謠字爲䚻之或體不知古本說文本有謠字也漢書五行志
女童䚻曰檿弧箕服此借䚻爲謠非正字
又案五經文字云口謠上說文下經典相承隸省其所載說
文之字雖已缺泐然曰隸省則說文必作謠經典省夕爲爫
若說文本作䚻而經典則謠字畫轉繁又何省之有乎
又案一切經音義卷十五卷二十引謠動歌也類聚四十三
樂部引獨歌謂之謠獨歌徒歌義得兩通可見唐以前本皆

有謠字

訢 喜也从言斤聲

濤案漢書萬石君傳注晉灼引許慎曰訢古欣字也是六朝本說文訢在欠部為欣之古文不知何時誤竄於此可見說文一書為二徐所竄亂者不少矣

諧 詥也从言皆聲

濤案一切經音義卷十引作合也下文詥諧也古諧詥字如此合行而詥廢元應書葢以通用字易古字非古本如是也篇韻亦同

調 和也从言周聲

濤案一切經音義卷十五引調勻也葢古本如是勻疑均字之省即今之韻字龠部龢調也樂諧韻則龢調引伸之則物之均平亦謂之調均从勻聲均勻義亦相近今俗猶有調勻之語

話合會善言也从言𠯑聲傳曰告之話言 譮籀文話从會

濤案詩板釋文文選秋興賦七命注齊故安陸昭王碑文注齊竟陵文宣王行狀注皆引作會合善言也歸去來辭注引作會合爲善言也是古本作會合不作合會告當作著說已見前歸去來辭注多一爲字當是誤衍

誐嘉善也从言我聲詩曰誐以溢我

原書第十一、十二葉爲白葉。

濤案廣韻七歌引同惟溢字作謚蓋古本如是小徐本亦作謚不足釋詁謚溢同訓爲愼今本毛詩之溢乃謚字之誤左傳引作何以恤我與謚古通字堯典惟刑之謚哉古文作恤可證也

謝 辤去也从言䠶聲

濤案文選魏都賦注別賦注七發注三引作謝辤也玉篇云謝辭也去也蓋古本作謝辭也去也謝本有辭去二義漢書陳餘傳注引晉灼曰以辭相告曰謝禮記曲禮若不得謝亦謂若不得辭注注辤猶聽也非此即訓辭之義楚辭橘頌願歲并謝招魂恐後之謝大招青春受謝叔師皆訓謝爲去廣雅釋詁亦

譺 騃也从言疑聲

濤案一切經音義卷十六引譺欺調也葢古本如是廣雅釋譺調也正本許書通俗文亦云大調曰譺

又案音義卷二引字林譺欺調也或謂卷十六所引亦是字林傳寫誤爲說文不知字林率本說文往往同訓譺之訓騃義無可取不必曲護二徐也

誣 加也从言巫聲

濤案一切經音義卷十一卷十五卷十七卷二十一凡四引皆作加言也卷十引加言曰誣是古本有言字今奪段先生曰加言者架言也古無架字以架爲之淮南時則訓鶡加巢

加巢者架巢也毛詩箋曰鵲之作巢冬至加之劉昌宗音架又案戴侗六書故引唐本說文誣加諸也則元應所引言字乃諸字之誤論語我不欲人之加諸我也我亦欲無加諸人加諸二字連讀劉知幾史通采撰篇曰沈氏著書好誣先代魏收黨附北朝尤苦南國承其詭妄重以加諸舊唐書僕固懷恩傳曰彼奉先聖京供生異見妄作加諸是誣訓加諸唐人皆知其義二徐妄刪諸字而傳寫元應書者又改諸爲言遂使故訓日湮而經讀亦誤今人讀論語者皆以諸人諸我連文此唐本之所以可貴也

譸 譸也从言州聲

濤案一切經音義卷六卷十四卷二十五皆引詶詛也之授
反卷十七云祝說文作詶今作呪同之授反玉篇云詶說文
職又切詛也葢古本如此此即詛呪正字今本乃淺人妄改
音市流切亦誤下文詛詶也正許書互訓之例

註 誤也从言圭或从言佳省聲

濤案後漢書光武紀寇恂傳兩注皆引作亦誤也是古本尚
有亦字說詳本部謍字

譆 痛也从言喜聲

濤案一切經音義卷七引作痛聲也是古本多一聲字今奪

詍 多言也从言世聲詩曰無然詍詍

濤案口部呭多言也从口世聲詩曰無然呭呭詩板釋文云泄說文作呭則是口部有稱詩語而此解無之乃二徐妄竄若云三家詩則許君明言偁詩毛氏必不自亂其例而元朗又何以不云又作訿耶

訿不思稱意也从言此聲詩曰翕翕訿訿

濤案一切經音義卷七引訿量也思也卷十二卷十八引訿思也卷十三引思稱意曰訿訿思也卷二十引訿思稱意也葢古本無不字國語齊語列子說符注皆云訿量也禮記少儀注云訿思也正與許合思也上當有一曰二字

又案詩小旻傳曰訿訿然思不稱其上今本葢據此而改然

曰不思稱意則語不詞矣桂大令曰本書當作思不稱意也音義引本書當爲思不稱意曰訾

誻 語相反誻也从言遝聲

濤案六書故引唐本說文曰言語相反也則今本反乃及字之誤又妄增一誻字耳玉篇誻誻語相及正本說文其爲及字無疑

又案陳徵君曰辵部遝迨也迨即逮字逮訓及遝訓逮遝爲行相及則誻爲語相及無疑

讗 言壯皃一曰數相怒也从言巂聲讀若畫

濤案廣韻十二齊引讗自是也與今本兩解皆異讗字經典

罕用廣韻所引疑一舛之奪文

誂　相呼誘也从言兆聲

濤案列子力命篇釋文引誂相誘也文選報任安書注引挑郎誂字之假借相呼也皆節引非完文玉篇引同今本可證

誇　譀也从言夸聲

濤案文選長楊賦注引作誇誕也此因譀誇誕三字義相涉而誤非古本如此篇韻亦皆不以誕詁誇

誕　詞誕也从言延聲𧫭籀文誕省正

濤案一切經音義卷十七引誕大也葢古本如是尔疋釋詁詩毛傳皆云誕大也與許解合今本義不可通元應書大

也下又有不實也三字當是衍說文語

讃 中止也从言貴聲司馬法曰師多則人讃讃止也

濤案文選魏都賦注引讃下有列字乃涉賦語襲偏裻以讃列而衍非古本如是也

譟 擾也从言喿聲

濤案一切經音義卷二十二引擾耳孔也蓋古本如是卷二十引作擾耳也乃傳寫奪一孔字元應書卷二十二又引蒼頡篇曰聒擾耳孔也擾耳孔自是古語今本為淺人妄刪

讙 譁也从言雚聲

濤案一切經音義卷二十引讙囂呼也蓋古本如是囂呼卽

譁今本義雖得通而非許書眞面目矣

謬狂者之妄言也从言翏聲

濤案一切經音義卷二十引作托者之言也乃傳寫奪誤非古本如是

謈大呼自勉也从言暴省聲

濤案廣韻四覺引勉字作寃葢古本如是漢書東方朔傳舍人不勝痛呼謈注曰謈自寃痛之聲也則今本作勉者誤尓疋釋訓釋文引亦作自寃而大呼下衍一也字

讋失气言一曰不止也从言龖省聲傳毅讀若慴𧮰籒文讋不省

濤案文選東都賦注史記項羽本紀索隱一切經音義卷十
皆引讋失氣也卷十九引讋失气也讋怖也一曰言不止也
葢古本如是一曰不止也語頗不詞據元應所引則古本言
字在一曰以下今本傳寫誤倒又奪怖也一訓耳玉篇亦云
言不止也當本許書
又案晉書音義卷二慴作摺乃傳寫有誤

謵 言謵讋也从言習聲

濤案一切經音義卷二十引謵讋也當是傳寫奪誤非古本
如是玉篇云謵讋言不正也可見謵讋二字連文據此則讋
字注言不止也疑爲言不正之誤

詾說也从言匈聲訩或省𧩳詾或从兇

濤案六書故引唐本說文作訟也篇韻亦云詾訟也則是今本作說者乃二徐所妄改矣尔疋釋言詾訟也詩小雅魯頌傳箋皆曰訟也古無以詾訓爲說者

訟爭也从言公一曰謌訟䛏古文訟

濤案汗簡卷上之一引說文訟字作䛏蓋古本篆體如此今本恐誤

訶大言而怒也从言可聲

濤案文選曹子建與楊德祖書注引無而怒二字當是崇賢節引非古本如是

訐面相斥罪相告訐也从言干聲
濤案文選三都賦注引訐面相斥罪也無相告訐三字西征賦注引同蓋古本如此面相斥罪卽相告訐之意今本衍此字語意重複矣論語衞靈公釋文引面相斥乃傳寫奪一罪字

譙嬈譊也从言焦聲讀若嚼誚古文譙从肖周書曰亦未敢誚公
濤案史記朝鮮傳索隱引譙讓也蓋古本如是嬈譊二字從無連文者方言訓譙爲讓正許君所引今本之誤顯然

誶讓也从言卒聲國語曰誶申胥

濤案列子力命篇釋文引誶責讓也是古本多一責字今本吳語作訊注曰訊告讓也告讓即責讓之意六朝書體卒字作卆故誶字傳寫每誤作訊詩墓門歌以訊之釋文云本又作誶記予不顧楚辭章句引作誶予不顧可證

詭責也从言危聲

濤案御覽四百九十四人事部引詭責也又橫射物爲詭蓋古本有一曰橫射物爲詭七字孟子趙注橫而射之曰詭遇正本許書

又案文選西京賦注引詭違也海賦注繁伯休與魏文帝牋注沈休文謝靈運傳論注陸士衡辨亾論注皆引詭變也孔

文舉薦禰衡表注引詆責也三引不同當是古本尚有遷變
二訓今本爲淺人妄刪耳
診視也从言㐱聲
濤案此條當依後漢書注所引已見前譼字條下一切經音
義卷二引作視之也此誤衍之字非古本如此
誅討也从言朱聲
濤案一切經音義卷二十三引誅討也亦責也疑古本有一
曰責也四字
諳悉也从言音聲
濤案一切經音義卷二十云喑說文作諳於禁反大聲也蓋

古本如此乃喑啞正字史記假兒泣不止字爲之諳之訓悉乃引申之義今本爲淺人妄改矣

謚 行之迹也从言兮皿闕

諡 笑皃从言益聲

濤案五經文字中云謚諡嘗利反上說文下字林字林以諡爲笑聲音呼益反今用上字一切經音義卷十三引說文諡行之迹也从言益聲戴侗六書故曰唐本無謚字但有諡行之迹也字林諡从盆當作从益廣韻六至諡字注引說文作諡是唐以前本說文皆有諡無謚其以諡爲笑聲者乃字林非說文大徐別撰从言从兮从皿之字而以行迹之本字反用呂

忼之解以改許書可謂無知妄作矣藝文類聚四十禮部引
謚說行之迹也說字當是傳寫誤衍嚴孝廉曰謚卽謚之行
艸校者以行艸爲篆體因改說解之从益爲从兮皿闕
又案類聚四十禮部引謚者說行之迹也說字當是傳寫誤
衍者字乃虞氏所足

詬謑詬恥也从言后聲訽詬或从句

濤案文選于令升晉紀總論注劉孝標辨命論注兩引詬恥
也葢古本如是謑詬二字皆訓爲恥不必連文方訓爲恥也
若如今本則當云謑詬恥也詬謑詬也方合許書之例

諜軍中反閒也从言枼聲

濤案文選吳都賦注引諜記也葢古本有一曰記也四字
又案莊子列禦寇釋文引諜閒也乃古書節引之例非元朗
所據本如是

譯傳譯四夷之言者从言睪聲

濤案文選司馬長卿喻蜀檄注引譯傳也傳四夷之語也葢
古本如是後漢書和帝紀注引譯傳四夷之語也文選東京
賦注引譯傳四夷之語者是古本傳下總無譯字許君以傳
釋譯不得更言譯也者下當有也字章懷崇賢兩引皆有所
節魏都賦注引四夷作四方葢傳寫之誤

濤案左氏莊十四年傳繩息嬀以語楚子注云繩譽也釋文云繩說文作譝是古本有譝篆並有偁經語今奪正義曰字書繩作譝从言訓爲譽

補 譝

濤案本書彳部⿰彳甹使也从彳甹聲則言部有⿰言甹字玉篇⿰言甹言也

補 訞 訞

濤案玉篇⿰言芺說文訞同訞災也又巧言貌是古本有訞篆重文作訞

音部

竟樂曲盡爲竟从音从儿

濤案九經字樣竟樂曲終也是古本作終不作盡六書故亦引作終

辛部

童男有辠曰奴奴曰童女曰妾从䇂重省聲童籀文童中與中同从廿廿以爲古文疾字

濤案一切經音義卷六引作男有罪爲奴曰童蓋古本如是童妾皆有罪爲奴之偁以男女而分之今本誤爲爲曰又衍奴字誤玉篇亦云男有罪爲奴曰童當本許書九經字樣引男有罪曰童乃節去爲奴二字總不得如今本所云也古僮

僕字作僮童冠字作僮後人傳寫互易元應書作僮乃用當時通用字

廾部

廾竦手也从𠂇从又凡廾之屬皆从廾𢪏揚雄說廾从兩手

濤案一切經音義卷二引作拱手葢古本亦有如是作者義得兩通卷三又引收兩手共持也疑重文兩手下古本尚有共持也三字

兵械也从廾持斤幷力之皃𠢀古文兵从人廾干𢇍籒文

濤案玉篇引作从斤斤兵也葢今本奪斤兵也三字顧氏又奪廾持二字耳

弈 圍棊也从廾亦聲論語曰不有博弈者乎

濤案一切經音義卷八云說文方言自關而東齊魯之間皆謂圍棊爲奕是古本此解作自關而東齊魯之間謂圍棊爲奕今本乃淺人妄節耳許書用方言爲解者甚多此郎其一

具 共置也从廾从貝省古以貝爲貨

濤案玉篇引說解同而字在目部豈希馮所見本从目不从貝省耶然从目無義廾部亦載之恐目部乃孫强輩妄增

舁部

興 起也从舁从同二力也

濤案文選 關中詩顏延年和謝靈運詩注引興悅也乃

古一曰以下之奪文女部有嬹篆亦訓爲悅葢字从興聲故

可同訓不得疑選注所引爲彼字解也

晨部

農耕也从晨囟聲䢉籒文農从林𨑃古文農辳亦古文農

濤案一切經音義卷十引農耕人也葢古本如此今本奪人

字耳莊子讓王篇石戸之農釋文引李注云農耕人也與此

解同葢古訓如此人當作民避唐諱改音義卷二十四引同

今本乃後人據今本改

爨部

爨齊謂之炊爨𦥑象持甑冂爲竈口廾推林內火凡爨之屬

皆从爨

濤案一切經音義卷十七云三蒼爨炊也字从臼持缶缶甑也同爲竈口廾以推柴內火字意也此雖不引說文而字从以下數語皆本許書今本已爲二徐節删又誤柴爲林皆非是此从兩木爲柴形非从林也

說文古本攷第三卷下

嘉興沈濤纂

革部

革獸皮治去其毛革更之象古文革之形凡革之屬皆从革

𠦲古文革从三十三十年爲一世而道更也臼聲

濤案一切經音義卷十四引獸去毛曰革革更也獸皮治去毛變更之故以爲革字也革者更也字三十从口口爲國邑國三十年而法更別取別異之意也口音韋葢古本如是口音韋三字乃音隱之語又卷十七引獸去毛曰革言治去毛變更之也故从三十从口口爲國邑國三十年而法更別取別意之意也曰韋也曰韋也乃口音之誤今本誤奪致不可

通

又案元應書卷十八音義云革更也謂獸皮治去變更之也字从三十从口口爲國邑國三十年而法更別取別異之意口音韋卷二十二音義云革更也字从三十从口口爲國邑國三十年而法更別取別異之意也口音韋也皆與卷十四卷十七大旨相同而不言說文乃傳寫偶奪耳

又案左氏隱五年傳正義引革獸皮治去其毛革更之詩羔羊正義周禮司裘疏引獸皮治去其毛曰革革更也此乃孔賈隱括節引革更之猶言變更之之下卻無象字可見所據之本亦與今本不同矣

鞹 去毛皮也論語曰虎豹之鞹从革郭聲

濤案詩載驅韓奕正義皆引鞹革也葢古本如是部首云革獸皮治去其毛訓革義即明了不勞複出矣

鞮 革履也从革是聲

濤案周禮鞮屨氏釋文云鞮許慎云屨也吕忱云革履也一切經音義卷十七引鞮革履也竊意鞮字从革不應單訓爲屨疑元朗所引屨也亦韋履也傳寫之誤韋革同物吕氏革屨之訓即本說文又元應書卷十四文選長門賦注御覽六百九十八服章部引同今本葢古本亦有如是作者初學記二十六服食部引作草履亦革履傳寫之誤

鞀　鞀遼也从革召聲鞉鞀或从兆鼗鞀或从鼓从兆⿱殸召籒文
鞀从殸召
濤案爾雅釋樂釋文引作遼也葢古本如是今本鞀字衍韻
會四豪引同則小徐本尚不誤也

靶　轡革也从革巴聲
濤案一切經音義卷十九引作轡飾葢古本如是尒疋釋器
釋文引字林云轡革也二徐葢以字林改解說文耳

⿰革顯　著掖鞥也从革顯聲
濤案左傳僖二十八年釋文正義皆引作著掖皮也葢古本
如是史記禮書鮫韅集解引徐廣曰韅者當馬腋之正與許

許合則知今本作鞥者誤

靷 引軸也从革引聲䩛籀文靷

濤案荀子禮論注引作所以引軸也蓋古本如是今本奪所以二字左氏僖二十八年傳釋文一切經音義卷一引靷軸也乃傳寫誤奪左氏正義兩引皆有引字可證

勒 馬頭絡銜也从革力聲

濤案華嚴經音義下引曰勒謂馬頭鑣銜也蓋古本不作絡金部銜馬勒口中也鑣馬銜也三字互訓則作鑣爲是古本當云勒馬頭鑣銜也謂字乃慧苑所足一切經音義卷十四卷十五引同今本十四卷也作者是古本亦有如是作者義得兩通

鞭 驅也从革便聲全古文鞭

濤案初學記卷二十二武部引作驅遲也葢古本如是今本奪遲字

鞅 頸靼也从革央聲

濤案左氏僖二十八年傳釋文正義皆引作頸皮也葢古本如是然文選謝元暉京洛在發詩注一切經音義卷三卷六廣韻三十六養所引皆同今本則今本義得兩通

鬲部

𩰲 三足鍑也一曰滫米器也从鬲支聲

濤案御覽七百五十七器物部引鍑作釜鍑如釜而口大義

得兩通然玉篇亦云釜也則古本作釜不作鍑矣

鬵大釜也一曰鼎大上小下若甑曰鬵从鬲兓聲讀若岑鬵

籀文鬵

濤案大上小下類聚七十三雜器物部引作上大下小乃傳寫誤倒義得兩通而古人文法不如是也

䰝鬵屬从鬲曾聲

濤案一切經音義卷十云䰝籀文作鬻是古本䰝字有重文矣䰝爲鬵屬鬵字籀文从雙弓此䰝字籀文亦从雙弓正其例也

鬳鬲屬从鬲虍聲

濤案六書故云唐本虔省聲林罕亦曰虔省聲是古本不作
虍聲矣大徐本音牛建切小徐本音俱願切皆與虔聲相近
則今本作虍聲者誤

䰜部

歷也古文亦鬲字象孰飪五味气上出也凡䰜之屬皆从
䰜

濤案九經字樣無飪字蓋玄度所據本如此義亦未通

鍵也从䰜米聲

濤案一切經音義卷十三引粥麋也粥即鬻字之別麋乃糜
字之誤蓋古本作糜不作鍵米部糜糝也黃帝初教作糜初

學記藝文類聚七十二食物部北堂書鈔皆引周書曰黃帝始亨穀為粥則知糜粥為一物釋名釋飲食曰糜煮米使糜爛也粥淖於糜粥粥然也下文鬻健也疑健鬻互訓上文健字解乃鬻也之誤

又案龍龕手鑑引作稀飧食也又與他書所引不同當是所據本異而亦不作健

又案玉篇云說文又音糜廣韻一屋云說文本音糜糜亦糜字之譌大徐知之六切為俗音不知作健之亦為俗本也漢書孝文紀注師古曰鬻淖糜也小顏訓解往往本於說文是古本無作健者

〔鬻〕五味盉羹也从䰜从羔詩曰亦有和鬻䰞䰞或省𩱸或从美䰜省羹小篆从羔从美

濤案初學記卷二十六服食部引作五味和也葢古本如是五味和謂之羹解中不應有羹字御覽八百六十一飲食部引作五味和粥也粥乃鬻字之誤殆後人據今本說文改此又傳寫誤鬻爲粥耳初學記所引又有燒豕肉羹也五字當是庾氏注中語北堂書鈔古唐類範酒食部皆引作五味之和

〔䰻〕粉餅也从䰜耳聲餌䰻或从食耳聲

濤案後漢酷吏樊曄傳注引餌餅也乃章懷節引非古本無

粉字也御覽八百六十七飲食部廣韻七志引同今本可證

鬻熬也从弜芻聲

濤案尒疋釋草釋文引爛火乾物也爛即鬻字之別體所引豈古本一曰以下之奪文耶然釋文又引三蒼去熬也而一切經音義卷三卷十四十八所今皆同今本則元朗書三蒼說文四字傳寫誤倒耳

爪部

孚卵孚也从爪从子一曰信也孚古文孚从禾禾古文保

濤案一切經音義卷二引作卵即孚也或云孚伏也即字乃傳寫誤衍是古本尚有伏也一訓今奪

丮部

谻相踦谻也从丮谷聲

濤案史記司馬相如傳索隱引作谻勞也燕人謂勞爲谻單行本無爲字葢古本如此今本語不可解當是二徐妄改傳寫又有舛誤耳史記集解引郭璞曰谻疲極也索隱又引司馬彪云谻倦也皆與許解相同

又案人部御徼御受屈也从人卻聲言說文皆以爲谻之正字然史記漢書相如傳及文選子虛賦皆作谻不作御小徐於此字雖云許氏全用相如賦語而於丮部又引相如賦徼谻受屈則楚金所見史漢文選本亦皆作谻不作御且御字

他書無見惟方言云⿰亻谻倦也亦作⿰亻谻不作御而蘇林漢書注云御音倦谻之谻正本方言則方言本亦作谻其作⿰亻谻者傳寫誤加人旁耳且徼谻受詘云者司馬彪曰徼谻受其倦者李善曰受屈取其力屈也顏師古曰言獸有倦極者要而取之力盡者受而有之谻詘各自爲義許君卽用相如此語亦應先解⿰亻谻字正義然後明引相如說以證之如禾部𥝩字曰部㗾字之例不應竟以徼御受屈四字訓釋御字許書無此例也人部御字疑二徐妄增又案心部𢜩勞也从心卻聲姚尙書文田以爲相如賦中谻之正字然訓解雖與索隱所引合而亦無燕人謂勞爲𢜩之語恐與谻字同訓而非長卿所

用之字也

拕持也从反丮闕

濤案玉篇引作亦持也葢古本如是此與爪部爪亦丮也同例今本拕持無義

鬥部

兩士相對兵杖在後象鬥之形凡鬥之屬皆从鬥

濤案廣韻五十候引杖作仗九經字樣亦作仗是古本不作仗也

又部

拭也从又持巾在尸下

濤案五經文字作㡿飾也是古本不作拭巾部飾㡿也㡿飾互訓

叔拾也从又尗聲汝南名收芋爲叔　𡬤叔或从寸

濤案詩七月正義曰說文云叔拾也亦爲叔伯之字是古本說文必有一解而爲二徐刪之矣

彗掃竹也从又持甡　篲彗或从竹　䇹古文彗从竹从習

濤案一切經音義卷十五引掃竹所以用掃者也所以用掃云云疑庾氏注中語

友同志爲友从二又相交友也　羽古文友　習亦古文友

濤案御覽四百六八人事部引友愛也同志爲友是今本奪愛

也二字

又案五經文字云友說文从二又相交則此解當讀交字句絕友也二字必愛也二字之誤蓋古本作同志爲友从二又相交一曰愛也大徐誤以二又句絕遂改愛爲友以相交友連讀妄刪一曰二字誤矣小徐本無友也二字亦誤

又案一切經音義卷八卷十四引友同志也當是元應檃括其詞非古本如是卷二十五引同門曰朋同志曰友是古本有同門曰朋四字

補 㪔

濤案本書艸部蔽从艸㪔聲目部瞶或从㪔邑部鄨从蔽省

是古本有畝篆今奪玉篇畝畝息也苦壞切廣韻十六怪畝太
息苦怪切音義當如篇韻所列

史部

事職也从史之省聲䨏古文事
濤案汗簡卷上之一引說文事字作䨏葢古本古文篆體不
作䨏也䨏字見又部郭氏以爲使字出義雲切韻
又案繫傳臣鍇曰此則之字不省也是小徐本所據本古文
事字从㞢从叏與汗簡同

聿部

𦘔習也从聿𢁫聲𨽿籒文𦘔肄篆文𦘔

濤案五經文字下云隸𨽾肆並弋二反習也上說文中字林下經典及釋文相承隸省是古本無𨽾篆𨽾篆亦出字林又左傳文四年正義引作肄从聿豸聲葢古本此字从聿从豸爲正字其从彖从隶者乃籀體孔張各舉其一𨽾篆出字林更非說文所有二徐誤爲从彖乃涉重文而誤小徐音切大徐音羊至切皆與豸聲相近彖聲則甚遠矣又據字林妄增𨽾篆更誤

又案玉篇以𨽾爲篆文肄爲籀文又與今本說文不同要當以孔張所引爲正

畫部

畫界也象田四界聿所以畫之凡畫之屬皆从畫　畫古文畫

　劃亦古文畫

濤案張彥遠法書名畫記引畫畛也象田畛畔所以畫也與今本不同嚴孝廉曰行艸界字作畍與畛形近然則彥遠所據與今同傳寫誤爲畛耳

隶部

隸附著也从隶柰聲　隸篆文隸从古文之體

濤案一切經音義卷三云隸附著也字从米㕡聲古者隸人擇米以供祭祀故从米也又卷一云隸從米㕡聲㕡字從又從祟九經字樣云案周禮女子入于舂槀男子入于罪隸隸

字故从又持米从柰聲又象人手也經典相承作隷已久不
可改正桂大令曰案此二說謂隸隸皆从米唐本當如此但
不知何以屬隶部案楊君石門頌作隸郎九經字樣之說曾
峻碑作隷郎一切經音義之說出變爲士與賁作賣同楊淮
碑作叙或古文與

臤部

臤 堅也从又臣聲凡臤之屬皆从臤讀若鏗鏘之鏗古文以
爲賢字

濤案詩卷阿正義引云賢堅也以其人能堅正然後可爲人
臣故字从臣以其以下疑說文注中語

豎 豎立也从臤豆聲

濤案一切經音義卷十六毗尼母律第五卷云燭樹或作豎說文樹立也樹無立訓葢元應引許書本作豎乃釋注文之或作也後人見標題燭樹遂妄改爲樹非古本如是據此則古本此解不重豎字今本亦誤

殳部

𣪘 繇擊也从殳豆聲古文殺如此

濤案玉篇云𣪘古文投則今本殺字乃投之字誤

毆 捶毄物也从殳區聲

濤案一切經音義卷二十二引作擊也卷二十二引毆捶擊

也葢古本無物字今本葢涉上文毅椎擊物而誤衍耳元應書二十二卷所引亦奪捶字

毃 擊頭也从殳高聲

濤案文選賈誼過秦論注引毃擊也乃崇賢節引非古本無頭字左傳定二年釋文引同今本可證

殿 擊聲也从殳㞒聲

濤案御覽一百七十五居處部引殿堂之高大者也葢古本如此初學記　部引蒼頡篇云殿大堂也正與許合土部堂殿也堂訓爲殿殿訓爲堂正許書互訓之例經典堂殿字習見而傳注中從無以殿爲擊聲者今本之誤顯然

又案左氏定二年傳奪之杖以敲之釋文云說文作㪴云擊頭也字林同又一曰擊聲也然則擊聲乃敲之一訓敲殿二篆相次必傳寫者誤竄於殿字之下二徐不察遂使敲字缺別解而殿字橫生異解矣

毅 妄怒也一曰有決也从殳豙聲

濤案一切經音義卷九引決下有之字乃傳寫誤衍卷下引同今本可證

又案一切經音義卷二十二引毅果決也殺敵爲果致果爲毅也果決當爲有決傳寫之誤是古本尚有殺敵以下八字

𠘧部

新生羽而飛也从𠘧从彡

濤案玉篇引無而字蓋古本如此今本誤衍

寸部

十分也人手卻一寸動𧖴謂之寸口从又一凡寸之屬皆从寸

濤案廣韻二十六慁引度量衡以粟生之十粟爲一分十分爲一寸十分爲一尺乃是引說苑語傳寫爲說文非古本有此數語也

繹理也从工从口从又从寸工口亂也又寸分理之彡聲此與𤔔同意度人之兩臂爲尋八寸也

濤案六書故云唐本不从口而从几唐𠔃度林罕云古文从寸从尺九經字樣云度人之兩臂爲尋繹理也从口从工从又寸分理之从彡聲上說文下隸省作尋者訛則唐本从几正𠔃度所云當時誤本耳林罕書不可見𠔃度並無从尺之說更不知戴氏何見所本也

皮部

皰 面生气也从皮包聲

濤案一切經音義卷十四卷十六卷十八引作面生熱氣也卷二十二引面生熱氣曰皰是古本生下多一熱字下文皯面黑氣也蓋面之熱氣爲皰面之黑氣爲皯熱字不可少元

應書卷二卷六卷七卷九卷十七卷二十卷二十四所引皆

同今本疑後人據今本改

支部

啟 教也从支启聲論語曰不憤不啟

濤案華嚴經卷二音義引啟開也此口乃户部启字之訓經

典皆通用啟慧苑以通用字易本字非古本教字作開也凡

傳注訓開者皆爲启之假字惟論語述而篇乃啟廸正字故

許引以明之又華嚴經卷二十一音義引說文云啟開也教

也是合啟启爲一字論語皇疏亦訓啟爲開葢六朝以後啟

启不分啟行而启廢矣

肇擊也从攴肇省聲

濤案玉篇肈俗肇字五經文字云肇作肈譌葢古本無肈字經典釋文開成石經肇皆从戈可證今本乃後人妄竄

敀迮也从攴白聲周書曰常敀常任

濤案史記梁孝王世家索隱引迫笮也迫䢋敀之假借字葢古本作笮不作迮竹部笮迫也迫亦敀之假敀笮笮敀正互訓之例

敷㪣也从攴尃聲周書曰用敷遺後人

濤案史記建元以來侯者年表索隱引敷讀如躍今本無讀如躍三字然尃聲與躍甚遠疑傳寫有誤非古本如是㪣與

施同讀非卽施字廣韻十虞竟引作施亦誤

敞平治高土可以遠望也从攴尙聲

濤案一切經音義十四引無以字葢傳寫偶奪

赦置也从攴赤聲㪇赦或从亦

濤案一切經音義卷五引赦寬免也是古本有一曰寬免也五字置赦互訓网部置赦也尒疋釋詁訓赦爲舍卽捨字之假借捨之猶言置之不得疑今本爲誤公羊昭十八年傳云赦止者免止之罪辭也是赦有免訓元應所引其爲一解無疑

攸行水也从攴从人水省𣲋秦刻石嶧山文攸字如此

濤案六書故引唐本說文曰水行攸攸也其中从巛是古本

从水不省詩衞風傳曰浟浟流皃浟乃攸字之俗浟浟卽攸攸也許解葢用毛義可見二徐之譌奪矣

又案吾邱衍學古編嶧山碑有徐氏門人鄭文寶依眞本刊者攸字立人相迎一直筆作兩股桂大令曰此說與唐本正文合與此文異

寇 暴也从攴从完

濤案一切經音義引寇暴者乃傳寫誤也爲者他卷皆引同今本可證

𢾖 閉也从攴度聲讀若杜剫𢾖或从刀

濤案華嚴經音義下引𢾖塞閉也是古本尚有塞字今奪玉

篇亦訓皷爲塞

鼓 擊鼓也从攴从壴壴亦聲

濤案六書故引蜀本說文曰从攴言其攴然遠聞也此亦陽冰穿鑿之說

又案華嚴經音義下引鼓擊也葢古本無鼓字凡考擊之字皆當作从攴之鼓如鼓鐘鼓瑟今皆作鼓者誤不必擊鼓方用此字也此與鐘鼓字形易相亂鼓字乃淺人妄增玉篇亦云鼓擊也

敂 擊也从攴句聲讀若扣

濤案一切經音義卷二十五引敂亦擊也葢古本有亦字今

本爲淺人妄刪

敲 横擿也从攴高聲

濤案一切經音義卷九云敲又作毃蒼頡篇作𣪘同苦交反下擊也說文云横撾也擊頭也卷十二同無又作毃三字卷十五兩引敲横撾也皆云又作毃同口交反謂下擊也卷十六云敲又作毃同口交反說文敲横撾也謂下打者也卷十一引敲横撾也亦下擊也本書無撾字撾卽擿字之別殳部毃擊頭也左氏定二年傳奪之杖以敲之釋文云說文作毃云擊頭也訓此敲云横撾也是唐本說文毃敲本二字元應不應誤合爲一其下擊之訓他卷皆引于說文之上則非許

說可知

鈙持也从攴金聲讀若琴

濤案廣韻五十二沁引作持止也葢古本有止字今奪玉篇亦止鈙持止也當本說文

教部

教上所施下所效也从攴从孝凡皆之屬皆从教𢽽古文教𤕝亦古文教

濤案汗簡卷上之一𤕝教見說文𢽽一本如此作一本者說文之異本也然則古本說文有𢽽則無𤕝有𤕝則無𢽽今本二篆並列且𢽽篆亦與恕先所引不同皆誤

卜部

卜灼剝龜也象灸龜之形一曰象龜兆之從橫也凡卜之屬皆从卜𠀀古文卜

濤案御覽七百二十五方術部引卜灼龜也是古本無剝字呂覽制樂篇注云灼龜曰卜白虎通蓍龜篇云卜赴也爆見兆也爆卽是灼古人皆以灼龜訓卜無言剝龜者

𠧞灼龜坼也从卜兆象形𠧞古文兆省

濤案汗簡卷下之二𠧞兆是今本古文篆體微誤

若欲翻書、勿以爪掐。若欲看書、勿以手壓。掐則痕多。壓則汙塌。不可摩擦、擦則糢糊。不可捲折、折則痾瘻。不可亂點。不可狂塗。識者所笑。馬牛襟裾。書貴齊整。不宜散亂。部正行勻。秩然可玩。書貴齊修。不宜齷齪。潔淨精良。人生一樂、即不常讀、亦可常翻。讀之養心。翻者怡顏。書有廉隅。書有文飭。彼讀書者、自宜愛惜。不讀書者、亦宜惜書。雖無他智、即此非愚。予亦有書、百千萬卷。不汙不壓、不折不捲。若欲讀書、奉贈此法。予言或然。幸垂笑納。

（魏春伯詩）

說文古本攷第四卷上

旻部　　　　　　　　嘉興沈　濤纂

閺 低目視也从旻門聲弘農湖縣有閺鄉汝南西平有閺亭

濤案汗簡卷上之二引說文閺字作閺今說文無重文而正篆之體亦不如是葢古本有古文閺字如此作也

又案後漢書董卓傳注云說文閺今作閿流俗誤也疑古本有重文閿篆云俗从門从受

目部

目 人眼象形重童子也凡目之屬皆从目 𡔜 古文目

濤案五經文字上作象重童子之形以全書通例證之古本

當如是一切經音義卷二引象形下又有目視也亦見也六
字當是庾氏演說文語

瞏 兒初生瞥者从目瞏聲
濤案廣韻二十八獮引作兒初生蔽目者蓋古本如是今乃
二字傳寫誤合爲一

眥 目匡也从目此聲
濤案一切經音義卷四引眥目崖也目際也崖乃匡字之誤
元應書卷十三仍引作目匡卷二十兩引作目眶可證即匡
字之俗文選西京吳都子虛等賦注引作目匡盧子諒覽古
詩注引作目眶可見今本不誤爾雅釋畜釋文引說文云眥

目匡也字林云皆目厓則作厓者乃字林非說文也古本當有一日目際也五字列字湯問篇注云皆目際也正本許書

矏目旁薄緻宀宀也从目𥄉聲

濤案玉篇引無薄緻宀宀四字蓋顧氏節引非古本無此四字也爾雅訓矏爲密卽薄緻宀宀之義以本部矕字訓目矕矕例之宀宀當作矏矏薄緻矏矏殆卽娛光眇視之意楚辭招魂靡顏膩理遺視矊些文選江賦江妃含睇而矊邈矊卽矏之別體也韻會正作矏矏則小徐本尚不誤

瞞平目也从目㒼聲

濤案一切經音義卷十七引作平視也二字雖見三國志

傳然此字與大目出目諸訓相次應作目不作視莊子天地釋文引字林云瞞目眥平皃正本說文元應書葢傳寫之誤非古本如是廣韻二十六桓亦引作平目

睴 大目出也从目軍聲

濤案一切經音義卷一引睴大出目也謂人目大而突出曰睴葢古本目出作出目謂字已下乃庾氏注中語玉篇亦云大出目也當本說文可證古本不作目出

盼 詩曰美目盼兮从目分聲

濤案一切經音義卷八引盼目白黑分也葢古本說解如此今本但偁詩而無訓解許書無此例也詩碩人傳曰盼白黑

分也正許君所本

眅多白眼也从目反聲春秋傳曰鄭游眅字子明

濤案一切經音義卷一引作眼多白也以盱字目多白例之古本當如是然多白眼爲易說卦文許君每以經解經今本義得兩通

睍出目也从目見聲

濤案一切經音義卷一引睍月出皃也葢古本如是今本目出二字誤倒又奪皃字玉篇亦云目出皃

窅深目也从穴中目

濤案一切經音義卷九引作目深皃玉篇引作深目皃目深

深目義得兩通據此兩引古本葢作皃不

矘目無精直視也从目黨聲

濤案後漢書梁冀傳法引作目睛直視乃傳寫奪一無字又誤精爲睛非古本如是一切經音義卷一引字林去目無精直視吕正用許解也廣韻亦云矘䁅目無精

睒暫視皃从目炎聲讀若白葢謂之苫相似

濤案文選吳都賦海賦等注一切經音義卷一皆引作暫視也葢古本不作皃元應書卷一卷十六卷十九引作暫見也乃見部覢字之訓卷十六又有不定也三字卷十九有亦不定也四字疑古本有一解玉篇仍引作皃義得兩通

䀣直視也从目必聲讀若詩云泌彼泉水
濤案詩邶風釋文云毖說文作䀣是元朗所見本引詩不作泌字毛傳云泉水始出毖然流也則毖乃泌之假借然許君稱詩毛氏與今本不同者甚多細繹詩語似當作視彼泉水解爲合當是鄭氏所據毛傳本與許君不同古本當無讀若二字太徐以毛傳無直視之訓遂改䀣爲泌而又妄增讀若二字强爲牽合小徐本作䀣正與釋文合而亦有讀若二字則後人據大徐本妄加也

盱張目也从目于聲一曰朝鮮謂盧童子曰盱
濤案列子黃帝篇釋文引盱仰目也葢古本如是易豫卦盱

豫注曰上視也漢書王莽傳盱衡厲色注曰盱衡舉眉揚目也揚目上視皆與仰目訓相合易豫卦釋文引作張目是元朗所據本與今本同倉頡列子釋文引字林文選西京賦引皆有張目之訓則義亦得兩通也

又案本部睢仰目也莊子寓言篇言睢睢盱盱固當同訓爲仰目

䁴視而止也从目亶聲

濤案廣韻二十八獮引作視而不止蓋古本有不字今奪玉篇引同今本疑後人據今本改

瞟䁦也从目票聲

濤案文選魯靈光殿賦注引作睽也乃字形相近而誤非古本如是

睽 目不相聽也从目癸聲

濤案易睽卦釋文一切經音義卷一皆引睽目不相視也葢古本如是目宜言視不宜言聽今本乃誤字之顯然者有元朗元應書可證更無庸曲為之說廣韻十二齊引睽目少精玉篇亦曰目少精是古本尚有一曰目少精也六字

眽 目財視也从目𠂢聲

濤案廣韻二十一麥引作目衺視也葢古本如是今本作財義不可通說詳見部

䁔失意視也从目脩聲

濤案文選魏都賦⿰目條焉失所注引說文曰⿰目條失意視也是古本作⿰目條不作䁔矣脩條皆从攸聲二字每多相亂然據選注則此字从條不从脩也大徐音他歷反亦以从條得聲爲近也韻會亦引作⿰目條云从目條聲是小徐本尚不誤

睢仰目也从目隹聲

濤案一切經音義卷十二引作仰目皃也葢古本多一皃字今奪

旬目搖也从目勻省聲眴旬或从旬

濤案一切經音義卷十八云瞤動古文眴同而倫反說文目

揺動也辟支佛因緣論上卷據元應所見本瞤眴爲一字今本分二字瞤訓目動眴訓目揺而又分爲二音瞤音如勻切眴音黃絢切皆誤又元應書卷二十引瞤目揺也乃傳寫奪一動字又案音義卷十二云瞬動古文眴同說文云目揺動也雜寶藏經第一卷亦有動字

睦 目順也从目坴聲一曰敬和也𡙇古文睦

濤案汗簡卷上之上𡙇睦是古本古文篆體如此今本微誤

相 省視也从目从木易曰地可觀者莫可觀於木詩曰相鼠有皮

濤案五行大義辨體性引許愼云地上之可觀者莫過於木

故相字目旁木也此蕭氏櫽括其詞非古本原文如是

睗目疾視也从目易聲

濤案文選吳都賦注引睗疾視也是古本無目字本部矆大視也瞻臨視也瞚小視也䀹省視也皆無目字則此亦不當有目字以此例之上文䁌目孰視也目字亦衍一切經音義卷一引亦有目字疑後人據今本改

䁐迎視也从目是聲讀若珥瑱之瑱

濤案文選東都賦注引睼視也葢古本如是詩小雅題彼脊令傳云題視也題即睼字之假借許書正用毛傳可證古本無迎字

眷顧也从目𠔉聲詩曰乃眷西顧

濤案書大禹謨皇天眷命僞孔傳曰眷視正義曰說文亦以眷爲視蓋古本不作顧今本涉傳詩語而誤玉篇引同今本疑後人據今本改

睎望也从目稀省聲海岱之閒謂眄曰睎

濤案一切經音義卷三引作海岱之閒謂睎蓋傳寫奪眄曰二字

瞑翕目也从目冥冥亦聲

濤案一切經音義卷十二卷二十三引作目翕也義可兩通卷二十一引作翕也乃傳寫奪一目字

眚目病生翳也从目生聲

濤案一切經音義二十四云瞖目一計反韻集云目障病也說文作瞖目病生翳也或謂古本目部有瞖字矣然音義卷一云瞖目韻集作瞖同於計反目病也說文目病生翳也並作翳韻集作瞖近字也卷十三卷十八皆引說文目病生翳也或云又作瞖或云韻集作瞖是元應明以瞖爲俗字二十四卷作瞖乃作翳之誤莊大令炘乃云說文無瞖此引不知所本亦太孟浪矣本部瞥又目翳也字皆作翳

瞥過目也又目翳也从目敝聲一曰財見也

濤案文選潘安仁河陽縣作詩注引無財字乃傳寫偶奪非

古本如是

眵目傷眥也从目多聲一曰瞢兜

濤案一切經音義卷九卷十八卷二十卷二十五引作䁾兜

眵也則今本作瞢者誤眵訓䁾兜則䁾兜即眵眵字係傳寫

誤衍

䁾目眵也从目蔑省聲

濤案一切經音義卷九卷十八卷二十卷二十一皆引䁾兜

眵也卷二十五引䁾兜眵葢古本目字作兜䁾兜二字連讀

上文眵一曰瞢兜亦䁾兜之誤眵訓䁾兜䁾兜訓眵正許書

互訓之例二徐不知許書篆文連注讀以兜眵二字爲不詞

而改之妄矣

瞷 戴目也从目閒聲江淮之閒謂眡曰瞷

濤案一切經音義卷十四引作戴眼而爾雅釋畜釋文文選七命注引同今本戴眼二字見素問義得兩通

眺 目不正也从目兆聲

濤案一切經音義卷七引眺視也亦望也察也葢古本眺有三義望察乃一曰以下之文古無以眺爲目不正者今本之誤顯然

又案文選思元賦舊注云眺視也漢書禮樂志注引應劭曰眺望也禮記月令可以遠眺望皆無不正之義潘岳射雉賦

邪眺旁剔注曰視瞻不正常驚惕也乃崇賢以視瞻釋眺以不正釋邪若眺即爲目不正賦詞又何必更著邪字耶

睞 目童子不正也从目來聲

濤案御覽七百四十疾病部一切經音義卷八引無目字乃傳寫偶奪元應書他卷所引皆有目字可證

矇 童蒙也从目蒙聲一曰目不明也

濤案後漢書竇融傳注引有眸子而無見曰矇蓋古本如是詩傳云有眸子而無見曰矇許君正用毛義也童蒙乃冡字之一訓見華嚴經音義上徐刪後而妄竄于此

眇 一目小也从目从少少亦聲

濤案易履卦釋文引作小目葢古本作目小也無一字元朗書傳寫誤倒耳釋名釋疾病云目匡陷急日眇眇小也方言廣雅皆訓眇爲小莊周書亦云眇乎小哉眇字从少得聲故義取乎小他傳注或訓爲細或訓爲微皆與小義相成不得專指一目然一切經音義卷一卷六及玉篇引同今本御覽七百四十疾病部亦同是古本亦有如是作者

睉 目小也从目坐聲

濤案玉篇引作小目也義得兩通

睇 目小視也从目弟聲南楚謂眄曰睇

濤案詩小宛正義引作小衺視也葢古本如是小徐本同玉

篇此篆作瞚不作睇廣韻則瞚字在六脂睇字在十二齊及十二霽易明夷夷于左股釋文云子夏作睇鄭陸同云旁視曰睇京作瞚則睇瞚本二字禮記內則不敢睇視注云睇傾視也傾視即衺視之意竊意說文二字皆有訓小衺視者爲睇訓目小視者爲瞚後爲二徐所刪并遂有睇無瞚與篇韻皆不合矣

瞚 開闔目數搖也从目寅聲

濤案一切經音義卷二卷十五闔作合引作目開闔數搖也卷三卷十八卷二十五引作目開閉數搖也華嚴經音義上引謂目開閉數搖也開闔開閉義得兩通謂字乃慧苑引書時

所足據此數引則古本目字在開字之上今本傳寫誤倒耳文選文賦注引同今本乃後人據今本改謝惠連詠牛女詩注引開闔目也更屬傳寫奪誤矣選注皆作瞬乃别體字

補 瞚

濤案一切經音義卷八引瞚仰目出也是古本有瞚篆方言曰半盲曰瞚

眉部

省 視也从眉省从屮⿱少囧古文从少从囧

濤案汗簡卷上之二⿱少囧省見說文是古本古文篆體从古文目非从囧也

盾部

盾　瞂也所以扞身蔽目象形凡盾之屬皆从盾

濤案御覽三百五十六兵部引象形下有聲也二字小徐本作厂聲則御覽聲字上當奪厂字影宋本北堂書鈔亦作厂聲又玉篇引蔽目下有也字則御覽也字當在象字之上蓋古本有此字今奪

鼻部

鼾　臥息也从鼻干聲讀若汗

濤案一切經音義卷十一卷十四卷十五卷十七卷十九皆引鼾臥息聲也蓋古本如此今本奪聲字下文𪖐臥息也蓋

齂爲臥息鼾爲臥息聲二字微有別今人猶言睡鼾聲

鼽病寒鼻窒也从鼻九聲

濤案廣韻十八尤引無病字而禮記月令釋文及玉篇引皆有此字葢廣韻傳寫偶奪耳非陸氏所據本如是玉篇韻皆引作塞義得兩通

又案龍龕手鑑引作寒病也乃傳寫誤奪誤到非古本如是

習部

習數飛也从羽从白凡習之屬皆从習

濤案文選左大沖詠史詩注引習習數飛也葢古本如是許書之例以篆文連注讀二徐疑爲複衍而刪之

羽部

翰天雞赤羽也从羽倝聲逸周書曰文翰若翬雉一名鷐風周成王時蜀人獻之

濤案文選長楊賦注引毛長者曰翰以下文翟山雉尾長者例之疑今本赤羽也三字爲毛長者之誤桂大令曰此文當在赤羽也之下御覽九百十　羽族部引亦無赤羽二字

翡赤羽雀也出鬱林从羽非聲

翠青羽雀也出鬱林从羽卒聲

濤案藝文類聚九十二鳥部引翡赤雀翠青雀也周書曰成王時蒼梧獻翡翠御覽九百二十四羽族部引翡翠青赤雀

也止觀輔行傳四之三引赤雀形如大鸞翅羽碧色皆與今本不同蓋翡翠本一鳥單言之則爲翠爾雅釋鳥云翠鷸郭注曰似燕紺色出鬱林張揖上林賦注雄赤曰翡雌青曰翠乃析言之許君云翡翠青赤雀乃渾言之類聚翡翠分解蓋傳寫據今本改耳古本當作翡翠青赤雀也形如大燕翅羽碧色出鬱林翠翡也周書曰成王時蒼梧獻翡翠乃合全書通例今本奪二徐妄改

翹 尾長毛也从羽堯聲

濤案文選射雉賦注引翹尾之長毛也是古本有之字今奪

翥 飛舉也从羽者聲

濤案一切經音義卷七引鶱翥飛舉也今本鶱爲馬腹縶而褰亦云飛皃葢元應書鶱字涉標舉而衍非古本不同也

翕　起也从羽合聲

濤案文選思元賦注引翕熾也是古本有一曰熾也四字今奪

翩　疾飛也从羽扁聲

濤案文選王仲宣贈文叔良詩注引翩翩疾飛皃葢古本如是此正與習習同例皆爲二一徐妄刪又改皃爲也亦誤

翽　飛聲也从羽歲聲詩曰鳳皇于飛翽翽其羽

濤案詩卷阿釋文引作羽聲也葢古本如是釋文又引字林

云飛聲也則今本乃據字林改耳詩鄭箋玉篇皆云羽聲正
與許合

隹部

隹 鳥之短尾總名也象形凡隹之屬皆从隹
濤案廣韻六脂引鳥之短尾者總名左氏襄二一年正義引鳥
之短尾者總名爲隹葢古本有者字今奪

雅 楚烏也一名鸒一名卑居秦謂之雅从隹牙聲
濤案秦謂之雅爾雅釋鳥釋文引作秦云雅烏乃元朗㯺括
其詞非古本如是詩小弁釋文引同今本可證

巂 周燕也从隹屮象其冠也㕯聲一曰蜀王望帝婬其相妻

悲亾去爲子巂鳥故蜀人聞子巂鳴皆起云望帝

濤案爾雅釋鳥釋文引末句作皆起曰是望帝也蓋古本如是今本奪是也二字詞氣不完

猚鳥也从隹犬聲睢陽有猚水

濤案廣韻十三佳引作鳥名以本部旌雅諸字例之古本當作也不當作名廣韻又云又水名在睢陽亦槩括之詞非古本如是也

雊雄雌鳴也雷始動雉鳴而雊其頸从隹从句句亦聲

濤案書高宗肜日正義詩小弁正義皆引作雄雉鳴也文選長笛賦注引雄雉之鳴爲雊一切經音義卷十引雄雉鳴爲

雊蓋古本如是今本雌字誤小徐本作雌雉鳴也更誤書正義作雉乃鳴而雊其頸今本亦奪乃字

雞知時畜也从隹奚聲鷄籀文雞从鳥

濤案廣韻十二齊引下有易曰巽爲雞五字疑許書本有偁易語而今本刪之

雕鷻也从隹周聲鵰籀文雕从鳥

濤案史記李將軍傳索隱引雕似鷹黑色多子一名鷲與今本不同黑色多子乃鷲字之解且既云似鷹矣又云一名鷹恐傳寫有誤惟御覽九百二十六羽族部引鷲字解有一曰雕三字則雕鷲實一物玉篇亦云雕鷲也

雇 九雇農桑候鳥扈民不婬者也从隹戶聲春雇鳻盾夏雇竊玄秋雇竊藍冬雇竊黃棘雇竊丹行雇唶唶宵雇嘖嘖桑雇竊脂老雇鷃也 𩿧 雇或从雩 鳸 籀文雇从鳥

濤案廣韻十姥引鷃作鴳葢古本如是許書無鷃字今本作鷃誤御覽九百二十一羽族部引鳸鷃也从鳥戶聲葢本籀文

又案爾雅釋鳥釋文云說文作雇籀文也桂大令曰籀文上脫鳸字葢言說文篆文作雇爾雅作鳸籀文也

雓 雓屬从隹酓聲 䳺 籀文雓从鳥

濤案御覽九百二十四羽族部引鵨鶉屬也一曰牟母一曰

駕是古本有一日以下七字矣然本部雒牟毋也雝雒屬則以雒雝爲一種而雒別爲一種爾雅釋鳥雖無鴾而有鷚又有駕則駕之與雒非一物夏小正傳訓駕爲䳇即鴾字之俗淮南時則訓注訓駕爲鶉李巡爾雅注又駕鴾一名牟毋禮記正義引是古皆以駕鴾爲一物則一日以下七字當是庾氏注中語非許君原文

又案一切經音義卷十五列子天瑞釋文皆引鴾鶉也當是傳寫奪一屬字

䍜覆鳥令不飛走也从网隹讀若到

濤案不飛走廣韻三十六效引作不得飛走葢古本如是今

本奪得字玉篇引有得字亦有走字

奞部

奞 鳥張毛羽自奮也从大从隹凡奞之屬皆从奞讀若睢

濤案廣韻六脂引奮下有奞字葢古本如是玉篇亦云鳥張羽自奮奞也奮奞二字連文當是古語二徐不知而妄刪之矣

萑部

雚 小爵也从萑吅聲詩曰雚鳴于垤

濤案後漢書班固傳注引鸛鸛雀也御覽九百二十五羽族部引鸛雀也葢古本作雚雚爵也今本小字誤陸璣詩疏以

爲爲似鴻而大其非小爵可知御覽引此在鸛雀條後漢書楊震傳列仙木羽傳皆以鸛雀連文葢此鳥本名雚俗呼爲雚爵故許以此釋之御覽所引奪一鸛字即雚之俗體

𦫳部

芇相當也闕讀若宀

濤案廣韻二仙引相當也下有今人賭物相折謂之芇疑古本有此九字然許書無賭字玉篇云賭物相當亦無賭字當从闕疑

苜部

瞢目不明也从苜从旬旬目數搖也

濤案文選月賦昧道懵學注引說文曰懵目不明也懵卽瞢字之別體非古本有此字也江文通雜體詩注引奪自字而字亦誤作懵瞿文學樹寶曰江詩注疑心部懵字之別

羊部

羊　祥也从𦍌象頭角足尾之形孔子曰牛羊之字以形舉也凡羊之屬皆从羊

濤案類聚九十四獸部御覽九百二獸部皆引作象四足角尾之形五經文字作象四足尾之形古本當如張司業所引葢羊字从廿廿爲羊角既曰从𦍌已象頭角矣又云象四足尾之形專指下半體而言類聚諸書傳寫多一角字乃淺人

所增今本更誤
又案初學記二十九獸部引羊祥也古祥詳二字通用易履上九視履考祥釋文云本亦作詳書呂刑告爾祥刑後漢書劉愷傳引作詳初學記御覽獸部引春秋說題辭云羊者詳也許書率本緯文古人皆以羊爲祥字無煩更訓爲祥似當作詳爲是

芈 羊鳴也从羊象聲气上出與牟同意
濤案五經文字卷上引作芊蓋古本篆法如是
又案一切經音義卷十五咩咩說文羊呼也類聚獸部亦引作咩疑古本有重文

羍小羊也从羊大聲讀若達𦍒羍或省

濤案初學記二十九引羍七月生羔也以上文羜五月生羔䍮六月生羔例之古本當如是蓺文類聚九十四獸部御覽九百二獸部皆引作七月生羊也羊乃羔字之誤詩生民釋文正義皆引同今本是古本亦有如是作者或陸孔櫽括其詞後人卽據以改許書耳

羒牂羊也从羊分聲

濤案初學記二十九御覽九百二獸部皆引作牡羊也葢古本如是爾雅釋畜云羊牡羒正許君所本今本作牂誤

牂牡羊也从羊爿聲

濤案初學記二十九御覽九百二獸部皆引作牝羊也葢古本如是爾雅釋畜羊牝牂角部觟牝牂羊生角者也詩苕之華傳云牂羊牝羊也一切經音義卷十四引字林云牂牝羊也是古無以牂爲牡羊者

羖夏羊牝曰羖从羊殳聲

濤案廣韻十姥引作夏羊牡曰羖葢古本如是小徐本宋小字本類篇韻會所引皆同可見毛本之誤上文羭字解云夏羊牡曰羭牡當作牝爾雅釋畜云夏羊牡羭牝羖乃傳寫羭羖二字互易列子天瑞篇云老羭之爲猿也張湛注云羭牝羊也顏師古急就篇注云羭夏羊之牝也羖夏羊之牡也是

其所見說文本尚不誤左氏僖公四年傳攘公之羭杜注曰羭美也牝羊美於牡者羭爲牝羊則羖爲牡羊馬水部瑞辰曰下篆羯羊牿也一切經音義引三蒼羖夏羊羖羯也亦羯也必牡乃可爲牿其說甚確

羸 瘦也从羊𣎆聲

濤案御覽三百八十六人事部引作瘦也蓋古本如是三百七十八人事部引作委也乃瘦字之誤嚴孝廉以爲委瘦皆瘦字之誤恐非羧爲羊相羵非此之用

𦍩 羊名蹏皮可以割桼从羊此聲

濤案廣韻五支引桼作黍蓋古本如是然割桼與割黍義皆

未聞難以肊定姑从闕疑

羌西戎从羊人也从人从羊羊亦聲南方蠻閩从虫北方狄从犬東方貉从豸西方羌从羊此六種也西南僰人僬僥从人葢在坤地頗有順理之性唯東夷从大大人也夷俗仁仁者壽有君子不死之國孔子曰道不行欲之九夷乘桴浮于海有以也𦍋古文羌如此

濤案書牧誓釋文史記匈奴傳索隱大宛傳正義御覽八百三十三資產部廣韻十陽皆引作西戎牧羊人也葢古本如是今本作从人誤小徐本及宋小字本倘作牧不作从也又御覽七百九十二四夷部又引作西㹊羌戎牧羊人是古本亦

有多婼羌工字者毛本从羊字斷不通
又案御覽七百九十二四夷部从人从羊作从人牧羊此正
如伐字从人持戈光字从人出日之例今本蓋淺人所改

瞿部

瞿 鷹隼之視也从隹从䀠䀠亦聲凡瞿之屬皆从瞿讀若章
句之句

矍 隹欲逸走也从又持之矍矍也讀若詩云穬彼淮夷之穬
一日視遽皃

濤案史記吳王濞傳索隱引瞿遠視皃與今本不同又云音
九縛反則作矍而非瞿也遠視亦當从今本作視遽乃小司

司書傳寫有誤非古本如是後漢班固傳引作視遽之兒亦
作視遽不作遠視可證
又案詩泮水釋文云憬說文作懬則此穬字乃懬字之誤古
本當作讀若詩云懬彼淮夷之懬視遽兒文選東都賦注引
作驚視兒恐傳寫之誤矍遽同聲作視遽爲是
又案龍龕手鑑引矍欲走也乃傳寫有奪

鳥部

鳥長尾禽總名也象形鳥之足似匕从匕凡鳥之屬皆从鳥
濤案爾雅釋鳥釋文引作短尾羽衆禽總名也短乃長字傳
寫之誤蓋古本有羽衆二字今奪

鳳神鳥也天老曰鳳之象也鴻前麐後蛇頸魚尾鸛顙鴛思龍文龜背燕頷雞喙五色備舉出於東方君子之國翱翔四海之外過崐崘飲砥柱濯羽弱水莫宿風穴見則天下大安寧从鳥凡聲𪂉古文鳳象形鳳飛羣鳥从以萬數故以為朋黨字𪁆亦古文鳳

濤案爾雅釋鳥釋文詩大雅卷阿正義初學記三十鳥部御覽九百十五羽族部鴻前麐後皆引作麟前鹿後無鸛顙鴛思四字葢古本如此鴻前麟後見韓詩外傳及說苑等書義亦可通而鸛顙鴛思四字他書罕見左氏莊二十二年傳正義引亦有此四字則唐時本已有之段先生謂所據非善本

耳鴽思思字不可解疑翼字之誤御覽燕領作鸞頷亦恐傳寫之誤風穴左傳二十二年正義御覽皆引作丹穴初學記部作丹宮乃丹穴之誤案爾雅釋地有丹穴山海南山經丹穴之山有鳥焉名曰鳳皇則今本作風穴者誤御覽地部引仍作風穴乃後人據今本改

又案莊子逍遙遊釋文引云朋及鵬皆古文鳳字也朋鳥象形鳳飛羣鳥從以萬數故以鵬爲朋黨字乃元朗檃括其詞非古本字

又案鳳飛羣鳥從以萬數左氏傳正義引作鳳飛則羣鳥從之以萬數

又案汗簡卷上之二鸞鳳見說文是古本篆體如□今本微
誤
鸞亦神靈之精也赤色五采雞形鳴中五音頌聲作則至从
鳥䜌聲周成王時氏羌獻鸞鳥
濤案埶文類聚九十九祥瑞部御覽九百十六羽族部引亦
作赤蓋古本如是廣韻廿六桓引孫氏瑞應圖曰鸞赤神之精
也正本許書則今本作亦者誤獻鸞鳥類聚引作獻焉御覽
引周下有書字此出周書王會解蓋古本作周書曰成王時
氏羌獻鸞鳥今本誤奪書曰二字
鷫鷫鷞也五方神鳥也東方發明南方焦明西方鷫鷞北方

幽昌中央鳳皇从鳥肅聲鷫司馬相如說从鳥叜聲

濤案後漢書五行志注引神鳥下無也字方字央字下各有曰字葢古本如此今本誤衍誤奪

鵻祝鳩也从鳥隹聲隼鵻或从隹一一曰鶉字

濤案六書故云唐本曰鵻从鳥从隼隼从隹从卂省李陽冰曰隼卂省聲據此則古本鵻隼爲二字非一字鵻从隼不从隹隼从卂省不从一詩采芑正義引說文曰隼鷙鳥也則古本隼訓鷙鳥不爲鵻之重文玉篇鵻在鳥部隼在隹部古本說文當如是今本爲二徐所竄改遂致字形義訓俱與經典不合玉篇鵻字注云或作隼隼字注云祝鳩也葢亦宋以後

人據二徐本所竄改矣又廣韻十七準鳥說文曰祝鳩也隼
鷙鳥也說文同上以鵻隼爲一字葢亦宋後人據今本說文
改

鸙 天鸙也从鳥龠聲

濤案爾雅釋鳥釋文鸙引說文作蘥葢古本如是無鸙
字宋小字本作龠卽蘥字之省

鷲 鳥黑色多子師曠曰南方有鳥名曰羌鷲黃頭赤目五色
皆備从鳥就聲

濤案御覽九百二十六羽族部引皆備下有一曰雕三字葢
古本如是廣雅鷲雕也今本奪一切經音義卷十六引皆備下

有是也三字赤目作赤咽當是所據本不同華嚴經音義下引鸑鳥黑色而多子也是古本尚有而也二字

鶠 鳥也其雌皇从鳥匽聲一曰鳳皇也

濤案御覽九百十五羽族部引作一曰鳳皇也葢古本如是下有鳳者羽蟲之長也七字當是庾氏注語

鵠 鴻鵠也从鳥告聲

濤案文選西都賦注一切經音義卷四皆引作黃鵠葢古本如是戰國策曰黃鵠游於江海淹於大沼奮其六翮而淩清風賈誼惜誓曰黃鵠一舉兮知山川之紆曲再舉兮知天地之圜方山海經注鵠鶴類玉篇亦云黃鵠仙人所乘知今本

作鴻者誤燕雀安知鴻鵠之志鴻鵠二鳥若如今本則爲一
鳥矣下文鴻鵠也亦誤
又案一切經音義引下有形如鶴色蒼黄也七字非許氏語
卷二引廣志語如此則此處奪廣志曰三字耳
又案詩賓之初筵釋文云鵠説文云郎鵠也小而難中又云
鵠者覺也直也射者直已志今本皆無之此蓋鵠字之一訓
許書每兼舉衆義爲二徐所妄刪者不少矣
鵱 蔞鵝也从鳥坴聲
濤案齊民要術卷六引鵱鷜野鵝也蓋古本如是爾雅鵱鷜
鵝郭注云今之野鵝鵱鷜二字連讀故郭云野鵝以別於舒

雁之鵝今學者乃以鵱字爲句鷜鵝二字連讀誤矣玉篇亦云鵱鷜也二徐妄刪鷜篆改鷜爲蔞又奪野字其謬妄有如此者

鴈 鵝也从鳥人厂聲

濤案六書故云唐本曰从仄从鳥徐鍇曰从厂从人義無所取然从仄義又何所取邪鼎臣又云當从雁省聲然雁字亦从人厂聲又何說邪此字當闕疑

鶩 舒鳧也从鳥敄聲

濤案藝文類聚九十一鳥部御覽九百十九羽族部皆引作野鳧蓋古本如是禮記曲禮正義引舍人李巡云鳧家鴨名

也鶩野鴨名也正本許書可見鶩爲野鳧二徐見郭氏解鶩爲鴨疑鶩爲不得爲野鳧遂據爾雅以改說文妄矣

鷞鷞鷜鳧屬从鳥契聲

濤案文選南都賦注引鷜作鵋當是傳寫有誤非古本如是本部鷜鷞鷜也正作鷜不作鵋

鷸知天將雨鳥也从鳥矞聲禮記曰知天文者冠鷸鷸或从遹

濤案止觀輔行傳五之四引水鳥能知天雨蓋古本作水鳥能知天雨者也今本義得兩通

鸕鸕鷀也从鳥盧聲

濤案一切經音義卷二十引鸕鷀水鳥也葢古本如是今本
奪水鳥二字又單舉一鸕字皆誤許君以水鳥釋鸕鷀以鸕
鷀釋鷀全書通例皆如此玉篇亦云鸕鷀水鳥當本許書

鵁 鵁鶄也从鳥交聲一曰鵁鸕也

濤案一切經音義卷十三引鵁鶄也下有羣飛尾如雅鷄鳴
呼食之治風也是古本尚有此十三字今本奪鷄鳴呼三字
疑當作鳴呼如鷄埶文類聚　鳥部引鵁鶄鳽也下文鳽
鵁鶄也正互訓之例是今尚奪鳽字複衍鵁字

鳽 鵁鶄也从鳥幵聲

濤案御覽九百二十五羽族部引鳽鵁鶄也一曰鵁鸕許書

無鷜字上文鵔字解一曰鵔鸕則鷜乃鸕字之誤葢兩条并
引非古本此語在鵕字解中也
鷢白鷢王鴡也从鳥厥聲
濤案御覽九百二十六羽族部引王鴡作玉雕葢古本如是
御覽又引廣雅曰白鷢鷹也古今注曰似鷹而尾上白亦號
爲印尾鷹則鷢乃鷹類不得爲王鴡爾雅鴡雄自名王鴡鷢
自名白鷢明非一鳥王鴡玉雕葢形近而誤爾雅釋鳥釋文
引同今本當由後人據二徐本改
鸛鸛專畐蹂如鵲短尾射之銜矢射人从鳥雚聲
濤案廣韻二十五寒鸛說文爾雅並作鸛鶇二十六桓鸛說

文爾雅並云鸛鶇葢古本有鶇篆解當云鶇鸛鶇也此解專
字當作鶇不重鸛字

鴥 鸇飛皃从鳥穴聲詩曰鴥彼晨風
濤案詩晨風釋文鴥引說文作鴪是古本篆體作鴪不與今
毛詩同又鸇飛作疾飛亦古本如是凡鳥之疾飛皆爲鴪不
必晨風也詩傳正訓疾飛乃許君所本

鵔 鵔鸃鷩也从鳥夋聲

鸃 鵔鸃也从鳥義聲秦漢之初侍中冠鵔鸃冠
濤案廣韻二十二稕鵔說文曰鷩也漢初侍中服鵔鸃冠葢
古本上冠字作服亦無秦之二字今本誤衍宋小字本亦無

秦之二字而服字亦誤作冠觀廣韻所引漢初句當在鵔字
解下今本在鸃字解下亦誤
又案史記司馬相如傳佞幸傳索隱皆引鵔鸃鷩鳥也烏字
恐屬誤衍非古本如是
鴧鳥似鶡而青出羌中从鳥介聲
濤案顏氏家訓勉學篇實如同從河州來得一青鳥舉俗呼
之爲鶡吾曰鶡出上黨數處見之色並黃黑無駁雜也試檢
說文鴓雀似鶡而青出羌中韻集音分此疑頓釋漢書黃霸
傳注亦云鴓雀大而色青出中玉篇鴓扶云切鴓雀似鶡蓋
古本作鴓不作鴧作分聲不作介聲困學紀聞云黃霸傳鶡

雀顏氏注當爲鴉徐楚金攷說文當爲鴿鴉鴿字形相近楚金蓋據誤本說文改鴉爲鴿輒音拜切顏黃門所據爲六朝之本師古承其家學以注漢書是唐以前本皆不作鴿也至玉篇別出鴿字當是宋人見二徐說文而妄增之非顧氏原文然亦云鳥名而不云似鴟之雀則知鴉字之注爲希馮原本也乃盧學士竟據今本說文以改顏氏之書鴉字分字皆爲鴿字介字古書因誤而校校而益誤者大卒如此

又案鳥字顏黃門所引作雀字蓋鴉雀二字連文漢注玉篇皆作雀不作鳥足證今本之誤

鸚 鸚鴞能言鳥也从鳥嬰聲

䳇 䳇鸚也从鳥母聲

濤案初學記鳥部御覽九百羽族部引作鸚䳇乃用當時通用字非古本如是禮曲禮本作嬰母卽鸚䳇之省釋文云嬰本或作鸚母本或作鵡諸葛　茂后及三國志注引江表傳有鳥名鸚母未聞鸚父之語可見三國時作䳇不作鵡至狄仁傑對武后言鵡者陛下之姓則唐時作鵡不作䳇矣鵡乃六朝後起之字五經文字云鸚䳇音武又作鵡見禮記可見字書不作鵡矣

鷮 走鳴長尾雉也乘輿以爲防釳著馬頭上从鳥喬聲

濤案詩車舝正義引作鷮長尾雉走鳴乘轝尾爲防釳著馬

頭上葢古本如是今本傳寫誤倒又誤尾爲以皆非也

烏部

烏孝烏也象形孔子曰烏盱呼也取其助氣故以爲烏呼凡烏之屬皆从烏 𦾔古文烏象形 於象古文烏省

濤案御覽九百二十羽族部廣韻十一模皆引作孝烏也是今本烏字誤孝烏卽慈烏古慈孝通稱前漢志王莽改烏傷縣爲孝烏古稱烏爲孝烏可證

又案龍龕手鑑云說文及玉篇切韻皆云三點象日中三足烏也此葢言烏字義又如象日中云云乃下文焉字注

又案初學記三十烏部引孝烏也下奪象形二字盱乎作嘔

呼烏呼下有烏爲日中之禽故爲象形也十一字烏爲日中云云見下文焉字解中嘔呼疑當作傴呼春秋元命包云烏者陽精其言僂呼俗人見僂呼似烏故以名之五行大義論七政引初學記烏部御覽羽族部引烏者陽精其僂呼也傴僂義相近許君所稱孔子曰皆出緯書今本盱字衍

舄誰也象形籀篆文舄从隹昔

濤案初學記三十烏部引篆文从隹昔聲是古本有聲字今奪

焉焉鳥黃色出於江淮象形凡字朋者羽蟲之長烏者日中之禽烏者知太歲之所在燕者請子之候作巢避戊已所貴

故皆象形焉亦是也

濤案廣韻二仙焉字注引作鳥黃色出江淮間蓋古本如是許書之例篆文連注讀訓解中不得複舉焉字藝文類聚九十二鳥部引焉布翅枝尾作巢避戊巳布翅支尾乃本書燕字之注歐陽書蓋合二注引之非古本此間有此四字也

又案龍龕手鑑引所在下尚有巢常背之一名乾鵲八字

說文古本攷第四卷下　　嘉興沈濤纂

華部

畢田罔也从華象畢形微也或曰由聲

濤案御覽八百三十二資產部引畢罔也畢卽畢字之別體

是古本無田字

幺部

幺小也象子初生之形凡幺之屬皆从幺

濤案六書故引蜀本曰会也重厶爲幺幺象形曰昧也亦象子初成之形以養正也又曰林罕引說文與蜀本同則古本與二徐本大異矣幺訓爲会蓋卽隱微之意而重厶爲幺其

義甚精此葢象形兼會意字文選文賦注引同今本疑小乃
幺字之一解

幼 少也从幺从力
濤案御覽三百八十四人事部引幼小也少小義得兩通

𢆶部

𢆶 微也从二幺凡𢆶之屬皆从𢆶
濤案六書故引蜀本曰隱微意也从重幺者微之至也本部
幽訓爲隱幾訓爲微則𢆶實兼隱微之意其義亦較今本爲
備

叀部

補 玈

濤案左氏僖二十八年傳正義引說文彤从丹玈从玄是古本有玈字大徐以爲新附且云義當用黸誤矣詩彤弓玈矢釋文云玈本或作旅字誤左傳釋文亦云玈本或作旅非也是元朗所見說文亦有玈字

予部

予 推予也象相予之形凡予之屬皆从予

濤案匡謬正俗三引予相推予也是古本有相字以本部幻相詐惑也例之則有相字者是今本乃二徐妄删玉篇引作推予前人也更誤

舒伸也从舍从予予亦聲一曰舒緩也
濤案文選七命注引伸作申葢古本如是
幻相詐惑也从反予
濤案御覽　方術部引無惑字乃傳寫偶奪非古本無之
𠬪部
𠬪物落上下相付也从爪从又凡𠬪之屬皆从𠬪讀若詩摽有梅
濤案五經文字曰𠬪象物落上下相付持之形葢古本如是九經字樣曰叡從𠬪𠬪上下相扶也付持扶持義得兩通而總不知今本之不可通

爭引也从𠬪厂

濤案一切經音義卷二十四引諍謂彼此競引物也諍乃爭字之誤此蓋庾氏注中語以釋爭之訓引非古本如是

𢀩所依據也从𠬪工讀與隱同

濤案一切經音義卷九引作有所據也蓋古本如是今本義不可通

𣦼部

𣦿坑也从𣦼井井亦聲

濤案華嚴經音義下云𣦿籀文阱字則古本此字爲井部阱字重文二徐誤竄於此

叡深明也通也从𣦼从目从谷省睿古文叡壡籀文叡从土

濤案一切經音義二十三云叡字从𣦼取穿通義谷取響應不窮目取明識意疑是說文注中語

歺部

殙瞀也从歺昏聲

濤案莊子達生篇釋文引作矜也當是敄字傳寫之誤敄即瞀字之省也

殊死也从歺朱聲漢令曰蠻夷長有罪當殊之

濤案左氏昭二十三年傳釋文引死也下有一曰斷也四字蓋古本如是今奪廣雅釋詁殊斷也正本許書古以斬刑爲

殊死亦謂斷頭

殟 胎敗也从歺昷聲

濤案一切經音義卷七卷十二卷十三皆引作暴無知也若古本如是今本涉上文殰字之訓而誤

殣 道中死人人所覆也从歺堇聲詩曰行有死人尚或殣之

濤案左氏昭三年傳釋文引死人作死者蓋古本如是詩小弁釋文引同今本義亦得兩通

殨 爛也从歺貴聲

濤案一切經音義卷十七引殨漏也謂決潰癰瘡也蓋古本作漏不作爛謂字以下當是庾氏注語

殃咎也从歺央聲

濤案易坤釋文引作凶也蓋古本如是張揖廣雅高誘呂覽注皆訓殃爲咎然許君不必同也凶謂凶禍更重于咎

殫殛盡也从歺單聲

濤案文選赭白馬賦注引殫盡也非傳寫奪字即崇賢節引古本當有此字惟殛字亦誤當从宋本作極上文殲微盡也此云極盡義正相成爾雅釋文引字林亦云極盡也呂氏蓋本許書

殖脂膏久殖也从歺直聲

濤案國語舊音引作脂膏久也蓋古本如是許君以脂膏久

釋殰字說解中不得更有此字

死部

公矦𣨛也从死瞢省聲

濤案廣韻十七登引𣨛作卒葢古本如是歺部大夫死曰𣨛

經典皆假卒字用之許書說解中每用通假字不必盡用也

字也

戰見血曰傷亂或爲惛而復生爲㱠从死次聲

濤案玉篇引無亂字葢傳寫偶奪非古本如是亂或猶言亂

惑或惑古今字

骨部

骨肉之覈也从冎有肉凡骨之屬皆从骨

濤案御覽三百七十五人事部引骨體之質也肉之核也是古本有體之質也四字今奪核當作覈覈核古今字

髑髑髏頂也从骨蜀聲

濤案御覽三百七十四人事部引髑髏頂也葢古本不重髑字二徐不知篆文連解之例故妄增髑字

髆肩甲也从骨尃聲

濤案御覽三百六十九人事部引作髆肩胛也髆胛皆俗體字靈樞經亦作肩胛

骿并脅也从骨并聲晉文公骿脅

濤案左氏僖二十三年釋文引作脅并也脅并并脅義得兩通正義引作脅并幹也廣雅釋[redacted]幹謂之肋韋昭晉語注云骿并幹也是古本亦有作并幹者孔陸所據本不同後人見釋文作脅并遂于正義添一脅字妄矣

髀股也从骨卑聲𧿒古文髀

濤案爾雅釋畜釋文文選七命注一切經音義卷三卷十二卷十四卷十九卷二十四御覽三百七十二人事部皆引髀股外也音義十二二十九皆引股外曰髀是古本股下有外字今本奪段先生曰股外曰髀髀外曰髖肉部曰股髀也渾言之此曰髀股外也析言之

髕 厀耑也从骨賓聲

濤案一切經音義卷三卷四卷五卷七卷十二皆引作膝骨也華嚴經七十三音義所引亦同是古本不作厀耑以本部髀骨髆骨脛骨諸解例之則作厀骨爲是今本乃涉下文髖字解骨耑而誤耳膝當作厀

骩 骨耑骩奊也从骨丸聲

濤案列子黃帝篇釋文引作骨曲直也當是古本有此一訓爲二徐所刪漢書淮南厲王傳骩天下正法師古曰骩古委字謂曲也是骩無直義殷氏書所引直字疑衍玉篇亦云骨曲也當本說文

包部

婦孕三月也从包台聲

濤案一切經音義卷七卷十三皆引作二月爲胎是古本不作三月淮南精神訓作二月而胅三月而胎四月而肌文子九守篇作二月而脉三月而胚四月而胎皆不相同後人習見三月爲胎之語遂據鴻烈以改許書誤也

心上鬲下也从包亡聲春秋傳曰病在肓之下

濤案左氏成十年傳釋文引心下鬲上也後漢書鄭元傳注引作肓隔也隔乃鬲字之誤皆與今本不同左傳杜注肓鬲也引賈逵注亦云肓鬲也則是肓本訓鬲豈不應云在鬲

上章懷所據似較元朗爲長又賈杜傳注心下爲膏則肓亦不得云在心下又御覽三百七十一人事部引肓心下鬲也在膈条下膈即鬲字之俗體今本勹部云匈膺也正與膺字解爲互訓疑所引即肓字之解傳寫誤肓爲膺古本蓋云心上鬲也與賈杜注合章懷注係節引今本衍下字左釋文又下上互倒耳

肺金藏也从肉市聲

濤案一切經音義卷四卷二十皆引作火藏也蓋古本如此段先生曰當云火藏也博士說以爲金藏下文脾下當云木藏也博士說以爲土藏肝下當云金藏也博士說以爲木藏

乃與心字下土藏也博士說以爲火藏一例元應所據當是
完本但未引一曰金藏耳

脬 膀光也从肉孚聲
濤案一切經音義卷三卷十一引膀作旁葢古本如是古旁
光字止作旁見素問諸書膀訓爲脅非此所用今本依俗作
膀誤又元應書卷十五引作膀胱皆俗字也

膏 肥也从肉高聲
濤案後漢書鄭元傳注引心下爲膏葢古本之一解今本奪
去耳左傳賈杜皆云心下爲膏與許解正合

肪 肥也从肉方聲

濤案一切經音義卷十六引肪肥也脂也是古本有一曰脂也四字今奪

肊 胷肉也从肉乙聲 臆 肊或从意

濤案文選登樓賦注引無肉字蓋古本如是廣雅釋親云臆匈也正本許書射雉賦徐注云臆膺也本部膺卽訓匈則今本有肉字誤御覽三百七十一人事部引作匈骨又誤中之誤矣

膀 脅也从肉旁聲 髈 或从骨

濤案御覽三百七十一人事部引作膀兩脅膀也膀字當是衍文上文脅兩膀也此云膀兩脅也正許書互訓之例今本

奪兩字誤

脢背肉也从肉每聲易曰咸其脢

濤案易咸卦釋文云脢鄭云背脊肉也說文同則是古本背下有脊字今奪易正義御覽三百七十五人事部引同今本乃是後人據今本妄刪子夏易傳在脊曰脢亦有脊字

臑臂羊矢也从肉需聲讀若襦

濤案儀禮鄉射禮釋文云臑說文讀為儒字禮記少儀釋文引臂羊犬讀若儒字是古本作讀若儒今本作襦誤臂羊犬三字亦不可解疑當作羊犬臂也今矢字更誤

䐡肶䐡也从肉齊聲

濤案一切經音義卷二十五廣韻十二齊皆引作毗䐡盖古本如是囟部毗人䐡也正與此互訓肶爲牛百葉非此之用御覽三百七十一人事部引作肚䐡許書無肚字乃傳寫之誤

腴 腹下肥也从肉臾聲

濤案止觀輔行傳四之三云肥腴者說文云腹下肉也盖古本肥字亦有作肉者一切經音義卷四卷十九卷二十引皆作肥是今本亦不誤疑湛然所據非善本也文選七發七命兩注引作腹下肥者是古本肥下有者字今奪

脽 尻也从肉隹聲

濤案廣韻六脂引下有亦㕧脽巨靈所坐也八字葢古本之一解今奪

胯 股也从肉夸聲

濤案五經文字上云胯胯上說文下經典相承隸省是古本从夸不从夸今本作胯乃後人以隸變改篆文也

股 髀也从肉殳聲

濤案一切經音義卷十六卷二十引髀下皆有脛本曰股葢古本有之今奪

脛 胻也从肉巠聲

濤案一切經音義卷十八卷二十一皆引作腳胻也上支腳

脛也則脛卽是腳此處不應有腳字蓋傳寫誤衍非古本如是

又案一切經音義卷三引脛腨也下文腓訓脛腨腨訓腓腸則脛不訓腨亦疑傳寫有誤

腨 腓腸也从肉耑聲

濤案一切經音義卷三引無腓字乃傳寫偶奪非古本如是他卷引有腓字可證御覽三百七十二人事部所引亦同

胲 足大指毛也从肉亥聲

濤案一切經音義卷二引無毛字蓋古本如此莊子庚桑楚篇云臘者之有膍胲釋文云胲足大指也今本衍毛字誤

又案史記扁鵲倉公傳正義引顧野王曰胲指毛皮也今本玉篇作足指毛肉徐本說文當因此誤衍毛字

又案史記扁鵲倉公傳作咳不作胲集解曰咳音該正義作胲又引許慎曰胲軍中約也漢書埶文志五行奇胲師古亦引許慎云胲軍中約也此正言部該字之解與胲字無涉恐二書皆正作咳傳寫誤爲胲古从口从言之字皆相通正可據裴氏之音以訂顏張之誤

胤也从肉由聲

濤案廣韻四十九宥引作裔也蓋古本如是義得兩通

振𦙄也从肉八聲

濤案六書故引唐本曰脤肎也从肉从八葢古本不作八聲惟許書無脤字脤卽祳字之別脤肎二字義不可曉當是傳寫有誤

又案玉篇云肎振眸也段先生以爲當作振肸十部曰肸蠁句布也振肸卽振動布寫之意竊意古本此文亦作振肸大徐本誤肸爲肎小徐并奪此字戴氏當引唐本振肸以別於徐本之振肎傳寫誤爲脤肎遂不可通安得善本六書故一訂正之

臠　臞也从肉䜌聲一曰切肉臠也詩曰棘人臠臠兮

濤案廣韻二十八獮引切肉下無臠字葢古本如是切肉爲

臠之一解不必更言臠矣偁詩語亦當在一曰之上

膌 瘦也从肉脊聲𤻲古文膌从疒从朿朿亦聲

濤案一切經音義卷一引膌瘦也瘠亦薄也卷十卷十五卷二十二引膌瘦也亦薄也卷十一引膌薄也瘦也是古本有一曰薄也四字膌通作瘠荀子禮論篇云送死不忠厚不敬文謂之瘠注云瘠薄又富國篇云若是則瘠注云瘠奉養薄也是膌有薄義

腄 瘢胝也从肉垂聲

濤案篇引作瘢腄也當是傳寫之誤非古本如是下文胝腄也腄胝互相訓

肬 贅也从肉尤聲 䵳 籀文肬从黑
濤案一切經音義卷十六引贅也下有小曰肬大曰贅六字
葢古本有之今奪

脪 創肉反出也从肉希聲
濤案一切經音義卷二十五引無創字葢傳寫偶奪非古本
如是廣韻二十四焮引同今本可證

臘 冬至後三戌臘祭百神从肉巤聲
濤案後漢書明帝紀注引曰臘冬至後祭百神始皇更臘曰
嘉平葢古本如此今本奪始皇以下七字玉篇引作冬至後
三戌爲臘祭百神也是今本又奪爲字也字其三戌臘三字

章懷節去非古本本無臘祭即禮記注所謂以畋獵所得禽祭也臘字必不可刪

膢楚俗以二月祭飲食也从肉婁聲一曰祈穀食新曰離膢

濤案此解今本奪誤殊甚御覽三十三時序部引曰膢楚十二月祭飲食也一曰嘗新聲食曰貙膢初學記八州郡部[redacted]引曰冀州北部以奪字八月朝作食爲膢祭漢書武帝紀曰太初二年三月行幸河東祠后土令天下大酺五日膢五日祠門戶比臘注引如淳曰膢音樓漢儀注立秋貙膢云云御覽引此注尙有許愼曰俗以十二月祭飲食冀州北部或以八月朝作飲當奪食字爲膢其俗語曰膢臘社伏云云此即如氏引

說文以注漢書後漢書劉元注引前書音義冀州北部云云其語略同章懷所引卽如氏之音義也續漢書禮儀志注引風俗通曰楚俗常以十二月祭飲食也又曰當當作嘗新始殺食曰貙膢仲遠書皆襲用說文可見今本之譌誤合諸書互訂之古本當曰膢楚俗以十二月祭飲食也从肉婁聲一曰嘗新始殺食曰貙膢冀州北部或以八月朝作飲食爲膢祭其俗語曰膢臘社伏[redacted]唐類範口部亦引作十二月又案貙膢續漢禮儀志作貙劉後漢劉元傳注引前書音義曰貙獸以立秋日祭獸王者亦以此日出獵用祭宗廟案御覽此條所引漢書注中許愼曰云云下有蔡邕曰貙獸常以立秋日還食其母猛蟲搏鷙時王者亦以此獵還以祭廟膢劉殺

也言摯殺之時者也章懷所引即如淯引蔡邕語是貙膢爲始殺之祭今本祈穀二字譌誤顯然御覽馨食新三字亦傳寫之誤

隋裂肉也从肉从隓省

濤案六書故引唐本作列肉列裂義皆不可解桂大令曰當作烈本書古文祡从隋省作禉祡者積柴加牲而燔之詩載燔載烈傳云貫之加于火曰烈

肴啖也从肉爻聲

濤案初學記二十六服食部御覽八百六十三飲食部皆引肴雜肉也葢古本如此廣雅釋器肴肉也一切經音義引儀禮特牲饋食注曰凡骨有肉曰殽經典皆通作殽文選典引蔡邕注肉曰肴

骨曰𩞀殳部殽从肴聲訓相雜錯是肴有雜義故曰雜肉止
觀輔行傳四三云肴葅也説文从肉者啖也似湛然所見本
與二徐同疑古本作一曰啖也二徐誤以别解爲正解耳

腯 牛羊曰肥豕曰腯从肉盾聲
濤案詩周頌釋文引羊曰肥豕曰腯當是傳寫奪一牛字

胡 牛顄垂也从肉古聲
濤案史記封禪書索隱引胡牛垂領也葢古本如是今本傳
寫誤倒又一切經音義卷十引曰胡謂牛頷垂下者也當是
庾氏注語以釋垂領之義領卽顄字之别卷二十三引同無
謂字卷一卷二十四無者字

牛百葉也从肉弦省聲

濤案五經文字云字書無屯字見春秋傳是唐本無屯篆應刪

牛脅後髀前合革肉也从肉票聲

濤案詩車攻公羊桓四年釋文皆引作脅後髀前肉也蓋古本如是車攻傳云故自左膘而射之達于右腢爲上殺則非專指牛矣合革二字亦不可解

血祭肉也从肉帥聲膟䏈或从率

濤案禮記祭義正義引膟血祭乃傳寫奪肉也二字非古本如是廣韻六術云䏈說文音律桂大令曰疑古有讀若律三

字

膫牛腸脂也从肉尞聲詩曰取其血膫𦡆膫或从勞省聲

濤案禮記祭義正義引膋牛腸閒脂也是古本多一閒字今奪釋文引此作字林蓋呂與許同御覽八百六十四飲食部引同今本疑後人據今本改

膊薄脯膊之屋上从肉尃聲

濤案初學記　部北堂書抄　部皆引作薄膊搏之屋上蓋古本作搏不作膊釋名脯膊也乾燥相搏著也則作搏爲是

脘胃府也从肉完聲讀若患舊云脯

濤案初學記二十六服食部引府作脯葢古本如此廣雅釋器脘脯也漢書貨殖傳濁氏以胃脯而連騎晉灼曰今太官常以十月作沸湯燖羊胃以末椒薑坋之暴使燥是也此字小徐本不誤舊云脯三字乃校書者之語集韻亦云胃脯可見大徐本府字之誤宋以後人皆知其非也

朐　脯挺也从肉句聲

濤案初學記　部引作脯脡挺古今字士虞禮饌籩豆脯四脡注云古文脡爲挺則作挺爲是

腒　北方謂鳥腊曰腒从肉居聲傳曰堯如腊舜如腒

濤案穀梁莊二十四年傳釋文引作堯腊舜始腒葢傳寫之

誤也曰禮內則釋文引作爲義得兩通
腝有骨醢也从肉耎聲䐑腝或从難
濤案五經文字云䐑有骨醢也見禮經及周禮說文字林並
作腝似張司業所見本無重文䐑字
脠生肉醬也从肉延聲
濤案廣韻二仙但引肉醬二字乃陸孫所刪節非古本無生
字也
脂戴角者脂無角者膏从肉旨聲
濤案止觀輔行傳七之三引作有角曰脂無角曰膏蓋古本
亦有如是作者戴角字見大戴禮易本命篇他書所引皆作

戴角義得兩通也

膜 肉閒胲膜也从肉莫聲

濤案一切經音義卷二十引無胲字本部胲足大指毛也則與膜義不同葢古本無此字今本誤衍洪編修亮吉轉以元應所引爲有脫字非也卷十八所引仍有胲字疑後人據今本改玉篇此字解亦無胲字

脃 小耎易斷也从肉絶省

濤案一切經音義卷十二卷十三皆引作少血易斷也葢古本如是惟少血故易斷今本小耎二字乃形近而誤文選魏都賦注引作少耎易斷也當是本作少血後人據今本改血

爲耎耳

膬耎易破也从肉毳聲

濤案文選七發注引膬腝易破也腝爲有骨之醢腝易破之義殊不可解卽耎易破亦頗難曉葢脃膬本一字周禮小宗伯注曰今南陽名穿地爲竁聲如腐脃之脃釋文云字書無脃字但有膬字音十劣反今注本或作膬字者則與劉音清劣反爲協據此則元朗所見說文等書有膬無脃文選七發前云甘脃肥膿後云温滴甘膬明本一字崇賢魏都賦注所引亦與七發相同後人據誤本說文竄改非崇賢所據本與元朗不同也

又案玉篇胞字引說文曰小耎易斷也脆同上俗膬亦同上足徵膬胞爲一字

散 雜肉也从肉㪔聲

濤案一切經音義卷二引散雜也葢元應有所節取非古本無肉字

肎 骨閒肉肎肎箸也从肉从冎省一曰骨無肉也肎古文肎

濤案莊子養生主釋文云肯說文作肎字林同云箸骨肉也一曰骨無肉也著骨肉云云乃元朗櫽括節引非古本如是或字林之語如此下文又引崔云許叔重曰骨閒肉肎肎著也則與今本正同矣

補 朘

濤案老子道德經釋文引朘赤子陰也是古本有朘篆大徐轉以入新附誤矣

筋部

筋 肉之力也从力从肉从竹竹物之多筋者凡筋之屬皆从筋

濤案一切經音義二十一引肉之有力者曰筋葢古本作筋肉之有力者也今本刪有字者字詞義不完卷二十二仍引肉之力曰筋當是傳寫誤奪

又案御覽三百七十五人事部引筋體之力也可以相連屬

作用也體當爲肉字之誤可以八字疑是庾氏注中語

刀部

刀劒刃也从刀僉聲籀文劒从刃从各

濤案文選聖主得賢臣頌注引劒劒刃也乃崇賢節去刀字非古本如是御覽三百四十五廣韻十九鐸皆引同今本可證

鞞也一曰析也从刀肖聲

濤案一切經音義卷十七引削刀鞞也葢古本有刀字今奪元書卷十四御覽三百四十五兵部皆同今本非引書者節取則後人據今本改耳

𠛎 鎌也从刀句聲

濤案廣韻十九侯引關西呼鎌爲𠛎也則今本奪此七字方言云刈鉤自關而西或謂之鉤或謂之鎌或謂之鍥正許君所本鉤當作𠛎

剞 剞𠜾曲刀也从刀奇聲

濤案御覽三百四十五兵部引剞劂曲刀也不重剞字亦不作𠜾蓋古本如是二徐不知篆文連注之例而妄增之韻會四紙引𠜾作劂是小徐本尚不誤御覽有注云剞居綺切劂居衛切當是說文古音

則 等畫物也从刀从貝貝古之物貨也𠟭古文則𠟫亦古文

𠟭　籀文則从鼎

濤案汗簡卷上之二𠟭則說文續添嚴孝廉曰續添者書名大徐亦古文州一葢皆出續添校者所續添字附記於古文之旁而加亦以別之轉寫疑爲脫文因孱入云云濤謂說文續添不見隋唐志而亦不類書名卽汗簡中亦僅此一見葢恕先刀部巳出古尙書二則字於前而又引說文制斵二古文於前此字復綴於部末故謂之續添嚴孝廉以爲書名非也

剬　斷齊也从刀耑聲

濤案一切經音義卷十一云剬聲類作剸說文剬斷首也亦

截也葢古本如此今本斷齊也乃斷首之誤又奪亦截也三字耳段先生曰首部𩠐斷首也亦截也剸上同玫錯本無剸上同之文然則許書首部有剬無剸刀部無剬後人以聲類之剸改首部之剬又移剬入刀部二徐本皆非古也此篆當刪𩠐案今本首部𩠐截也从首从斷剸或从刀專聲與先生所引不同先生書首部亦不如是作當屬記憶偶誤剸之與𩠐形聲皆不相同似非重文之例葢古本首部無重文剸即剬字之別後人誤竄於彼當刪首之剸篆不當刪此部之剬篆也

切 刌也从刀七聲

濤案華嚴經卷一音義曰說文云一切普也普即徧具之義故切字宜从十說文曰十謂數之具也有從七者俗也今本說文無一切普也之語蓋上說文云當爲經文云之誤下說文曰乃引許書慧苑見經文以一切爲普故謂切字宜從十初不云說文切字从十也切从七聲從十者當時別字慧苑轉以从七爲俗緇徒無識固無足怪或轉據此以爲說文古本有从十者則更誤矣

又案廣韻十六屑引作折也乃古本一曰以下之奪文

又案一切經音義卷十九引作割也刌也是古本尚有割也二字今奪

副判也从刀畐聲周禮曰副辜祭疈籒文副
濤案詩生民釋文引作分也下文判卽訓分葢古本亦有如
是作者義得兩通

剖判也从刀咅聲
濤案一切經音義卷十六一引判下有分字乃傳寫誤衍非
古本如是判卽訓分不必更言分也又一引仍作判也可證

刳判也从刀夸聲
濤案書泰誓正義引作刲也葢古本如是禮內則云刲之刳
之刳與刲義相近一切經音義卷九卷十四卷十五卷十六
卷二十亦引作判是古本亦有如是作者

剝 裂也从刀从彔彔刻割也彔亦聲𠟀剝或从卜

濤案此解傳寫譌誤遂不可通書泰誓正義曰說文云剝裂也一曰剝割也下文割剝也割剝互相訓葢古本作剝裂也从刀彔聲一曰剝割也小徐本从刀彔聲一曰六字尚不誤而誤剝爲刻又衍彔字則與大徐同

劀 刮去惡創肉也从刀矞聲周禮曰劀殺之齊

濤案廣韻十四黠引無去字葢傳寫偶奪非古本如是

刷 刮也从刀㕞省聲禮布刷巾

濤案一切經音義卷九引刮作拭葢古本如是又部㕞飾也飾即今之拭字此字从刷省聲義略相近玉篇云刷拭也當

本許書文選吳都賦注引作括也疑即拭字之誤然赭白馬賦注沈休文和謝宣城詩注爾雅釋詁釋文皆引同今本是古本亦有如是作者義得兩通

剽 砭刺也从刀票聲一曰剽劫人也

濤案史記酷吏傳索隱一切經音義卷十卷十一皆引剽刺也葢古本無砭字今本誤衍索隱又引一云劫是古亦無剽人二字

剉 折傷也从刀坐聲

濤案一切經音義卷二十一引剉斫也剉之訓斫見玉篇元應書他卷皆引同今本不應此處獨異又卷二十六慶集第

五卷云剉之剉猶斫也說文折傷也別斫訓於說文之外則
此卷乃傳寫誤玉篇爲說文非古本如是也

制 裁也从刀从未未物成有滋味可裁斷一曰止也制古文
制如此

濤案廣韻十三祭引無未字成字蓋傳寫奪一成字非古本
無也物成有滋味乃許君釋所以從未之義未字不必複舉
而成字必不可刪

罰 辠之小者以刀以詈未以刀有所賊但持刀罵詈則應罰

濤案初學記二十政理部引作网言爲詈刀守詈爲罰罰之
爲言內也陷於害也蓋古本如是此字从刀守詈猶伐字之

从人持戈飤之之从人仰食據一切經義引今本改作从刀从詈
誤矣此解本春秋元命包廣韻十月引春秋元命包曰网言
爲詈刀詈爲罰罰言网陷於害知初學記内字爲网字之誤
許君解字用緯書者甚多大半爲二徐所删改幸有隋唐間
類書所引可證或以爲徐氏本引元命包傳寫誤作說文更
誤矣
又案初學記又引注云詈以刀守之則不動矣今作罰用寸
寸丈尺也此蓋卽庾氏說文注語
又案一切經音義卷一卷六卷十四皆引罪之小者曰罰蓋
古本作一曰罪之小者曰罰云云二徐删去刀守詈之訓遂

以一解爲正解耳
劓刑鼻也从刀臬聲易曰天且劓劓臬或从鼻
濤案一切經音義卷十五卷十九卷二十一皆引作決鼻也
葢古本如是決鼻猶言缺鼻御覽天部引詩推度災曰穴鼻
始萌宋均注穴決也決鼻兔也葢亦言兔之缺鼻小徐本作
作刖鼻與決聲相近大徐作刑鼻則誤矣卷二十一又有劓
也二字其古本之一解乎
券契也从刀𢍏聲券別之書以刀判契其旁故曰契券
濤案以刀判契云云御覽五百九十八文部引作以刀刻其
旁故曰契也一切經音義卷十三引作以刀判其旁故曰契

也止觀輔行傳七之四引作以刀判其旁故謂之契三引小
有異同然可見古本判下總無契字契下總無券字

補 

濤案文選北征賦注王粲詠史詩注陸機苦寒行注皆引劇
甚也是古本有劇篆大徐轉以入新附誤矣

刃部

 刃堅也象刀有刃之形凡刃之屬皆从刃

濤案徐鍇說文袪妄引刃刀之堅利處象有刃之形葢古本
如是刃本取其利非徒取其堅刃堅二字語不明了象下又
添一刀字皆誤

耒部

耒手耕曲木也从木推丰古者垂作耒梠以振民也凡耒之屬皆从耒

濤案易繫辭釋文云爲耒京云耜上句木也說文云耜曲木垂所作後漢書列女傳注引耒耜曲木四字皆檃括節引非古本如是然手耕二字古本當作耜字耜之曲木爲耒卽京君明所謂耜上句木禮記月令注曰耒耜之上曲也許鄭之說正同二徐疑耜曲木三字爲不詞故妄改如此耜卽梠字之別廣韻十八隊引作耕曲木也葢陸氏書本作耜曲木也後人習見今本說文以爲耕字之誤而妄改之耳文選潘岳

河陽縣作詩注引同今本亦後人據今本改

耕 犂也从耒井聲一曰古者井田

濤案齊民要術卷一引作耕種也葢六朝本如此止觀輔行傳宏決一之四引耕犂也是唐本已與今本同矣輔行傳又引云人曰耕牛曰犂此六字今本奪

耤 帝耤千畝也古者使民如借故謂之耤从耒昔聲

濤案初學記十四禮部引耤田者天子躬耕使人如借故謂之籍是古本有籍田者天子躬耕七字今奪民作人避唐諱

䅯 除苗間穢也从耒員聲耘䅯或从芸

濤案御覽八百二十三資產部引苗間作田間葢古本如此

𦔳與嬦字義相近嬦爲拔去田艸𦔳爲除田閒穢則知作田
者爲是今本乃字形相涉而誤

角部

𧢲獸角也象形角與刀魚相似凡角之屬皆从角
濤案一切經音義卷二云角力古文斠同古卓反禮記習射
御角力廣雅角量也高誘注呂氏春秋云角試也月令角斗
甬說文平斗斛也並單作角卷二十二卷二十四所言略同
皆引說文角平斗斛也與今本大異葢古本此字之一解平
斗斛爲斗部斠字之訓許書字不同而訓詁相同者甚多二
徐妄刪此解誤矣元應書卷十四引說文云斠平斗斛也乃

後人據今本說文妄爲校改原書當與他卷相同他卷並單作角四字尤爲明顯可證今本廣雅亦作斠量也可見角與斠字古訓相同古本當在相似下有一曰角平斗斛也七字

觢 一角仰也从角㓞聲易曰其牛觢

濤案易睽卦釋文云掣說文作觢云角一俯一仰子夏作契傳云一角仰也是古本作角一俯一仰也今本乃以元朗別引子夏傳之解以改許氏之書謬矣下文觭角一俛一仰也疑當作一角仰也釋文引荀作觭雖不言何訓疑與子夏傳同二徐說文二解互易耳爾雅釋畜角一俯一仰觭皆踊觢與許不同或傳寫有誤